[illegible] 淳

始める力

GS
幻冬舎新書
299

はじめに
どんな成果も成功も、「始めること」から

二〇一二年四月八日から一四日にかけて、私は、おそらく生涯忘れることができないであろう一週間を過ごすことになりました。その間、私は世界一過酷と言われる「サハラマラソン」に挑み、完走したのです。

サハラマラソンは最も歴史のあるアドベンチャーマラソンで、モロッコ東南部のサハラ砂漠約二五〇キロを、六つのステージに分けて一週間で走ります。走ると言っても、食料や寝袋など一〇キロ前後の荷物を背負っているし、日中の気温は五〇度を超えるしで、まさに「生死をかけて移動する」という表現がぴったりのレースです。

コースは毎年変更され、直前に渡されるロードマップと、ところどころに置かれた目印の石を頼りに走ることになります。砂丘や干上がった川底や岩がごろごろしたところなどを走るため、身体への負担は、舗装された道路を走るマラソンとは比較になりません。肉体的にも精神的にもギリギリまで追い詰められます。

そんな過酷さにもかかわらず、毎年、世界中から老若男女約九〇〇人が参加。完走率は九割を超えます。私が参加した二七回大会は、日本人は二七人。そのうち、最高齢者は七〇歳を超えた男性でした。

大会前に参加者がパリで集合したとき、その男性は私に言いました。

「たぶん、あなたが想像しているよりも一〇〇倍はつらいと思うよ」

彼は五〇歳から一〇回連続参加し、その後一〇年間、ハーレーダビッドソンでアメリカ大陸を横断。そしてこのときまた、一〇年ぶりのチャレンジを決めたとのことでした。経験を積んでいるので、サハラマラソンがどれほど過酷かよくわかっていたのでしょう。

しかし、私は自分を過信していました。「大丈夫さ」と。なぜなら、そのとき私はすでに一〇〇キロマラソンを完走した経験を持っていました。一日で一〇〇キロ走れるのですから、一週間で二五〇キロなら楽勝だと思っていたのです。

ところが、いざスタートしてみると、初日に限界を超えました。私がかつて経験したことのない世界がそこにあったのです。三日目には熱中症にかかり、固形物はほとんど喉を通らなくなりました。

もっとも、私だけが参ってしまったわけではなく、二日目になると参加者は一〇〇パーセント、身体のどこかを壊した状態になります。なんでも、前年には、疲労とストレスで胃が破れ、大量吐血しながらも走りきった日本人女性がいたそうです。

すべての参加者が苦しめられるのが、むくみです。毎日、多量の汗をかくために、体内の塩分がどんどん失われていきます。塩分を失ったままでは確実に死んでしまうから、一リットルの水を飲むたびに二錠の塩のタブレットを摂取します。すると、今度は塩分過剰になり全身むくんでしまうのです。

とくに足は、走り疲れも加わってパンパンに腫れ上がります。それを見込んで、私は普段より一・五センチ大きめのシューズに、靴下を二枚重ねに履いてスタートしました。しかし、最後には、靴下を脱いでヒモを外しても足が入らなくなるほどでした。マメが八個できて潰れ、ツメも三枚はがれてしまい、まるで足が壊死《えし》したかのよう……。

日中は酷暑なのに朝晩はひどく冷え込む気温差に体力を奪われ、さらにほとんど固形物が食べられなくなった私は、レース後には六キロもやせてしまいました。

そんなヨレヨレの状態でも、主催側が流す大音量のロック音楽に背中を押され、毎日スタートを切ります。ただただ「完走したい」という一心で。

「なぜ、こうまでして走るのか？」

私自身、途中、何度、自分に問うたかわかりません。参加してしまったことへの後悔が頭をかすめることもありました。

しかし、ようやっと完走したあとには、とても言葉にはできないほどの気づきを得ることができました。

「やって良かった」

これが、私の答えであり、ほかの参加者すべての答えではないかと思います。


さて、ここまで読んでくださったあなたは、私たちサハラマラソンの参加者が、特別に強靭な心身を持ち合わせているのだと思ったかもしれません。「自分にはまったく関係のない世界の話だな」と。

しかし、それは誤解です。私をはじめ、参加者はごくごく普通の人ばかり。むしろ、肉体的には恵まれていない人もたくさんいました。私がすれ違ったフランス人は視覚障害者で、伴走者とともに、ひたすら前へ進んでいく姿は、とても感動的でした。

障害を抱える人、バリバリのビジネスパーソン、進路に悩む学生、年金生活者……。世界中のいろいろな立場の人が、いろいろな思いを抱えて参加してくるサハラマラソン。そんな**参加者に唯一、共通することがあるとすれば、彼らが「エントリーした」ということだけ**です。

つまり、あなたにだって、まったく同じことができます。

サハラマラソンに限らず、今は「絶対に無理」と思っているようなことを、やり遂げることができます。

そして、そのカギは「小さな一歩」にあります。

「小さな一歩」を踏み出すこと。

すなわち「始める」こと。

「始めさえすればなんでもできる」

これが、サハラマラソンを走り終えた私の、偽らざる感想です。

では、「始める」とはどういうことなのか。

そのために、なにをすればいいのか。
どう始めたら、上手に継続して大きな成果につなげられるのか。
本書で一緒に考えていきましょう。

二〇一三年三月

石田　淳

始める力／目次

第二章 「始めること」が難しい理由 61

第三章　行動科学マネジメントで「始める」を考える　85

第四章 「始める」ための17のヒント 137

構成協力 中村富美枝
図版作成 美創

第一章　「始める」とはなにか

「超セルフマネジメントの時代」とはどういうことか

「アメリカ社会では、肥満者や喫煙者は出世できない」

こんなことが言われ始めた二〇年ほど前、日本ではまだ「セルフマネジメント」という言葉さえ根付いていませんでした。

しかし、今やそれは、私たち日本人にとっても常識になりつつあります。**自分の健康状態すら管理できない人が、いい仕事も人材教育もできるはずはない**と、みんな知っているでしょう。

そして、セルフマネジメント能力は、ビジネスの場でのみ求められるものではないということに、多くの日本人が気づき始めています。つまるところ、日々のセルフマネジメントを積み重ねていくことが自分の人生を左右する。つまり、**セルフマネジメントは自分の人生に直結した重大問題**なのだと。

極端な話、日本を支えてきた終身雇用や年金制度は崩壊に向かっているとも言えます。すなわち、今まで保障されてきたさまざまなものが無になっていく時代に私たちは生きているということです。終身雇用や年金制度の崩壊は言うまでもなく、保障されたものなどなにもない時代に私たちは生きています。あなたが今何歳であるにしろ、これからの人生を全部、自分で設計していかなければなりません。

こうした時代に本格的に突入すると、自分軸で考え、自分で新しいことを始めることができない人はやがて駆逐されてしまうでしょう。

「大学まで出たんだから、それなりに食ってはいけるだろう」

「最後は、国になんとかしてもらえるだろう」

「定年後になれば、なにか趣味の誘いも来るだろう」

こんな考えを持っている人は、意外に多いのではないでしょうか。

ところが、既存の制度や古い常識に我が身をゆだねるだけでは、経済的破綻を招くだけでなく、人生そのものを台無しにしてしまいます。

アメリカでは最近、**「その人の年収は、ビジネス知性そのものである」**という言葉が聞かれるようになりました。

デフレだの不景気だのいろいろ言われているけれど、確実に年収をアップできている人はいます。年収が少ないのは、その人の勉強が足りないから。年収を増やしたいならそれだけの勉強をすべきであり、**自ら「ビジネス知性」をアップしようとしない人が、少ない**

◆アスリート型の生き方が求められる

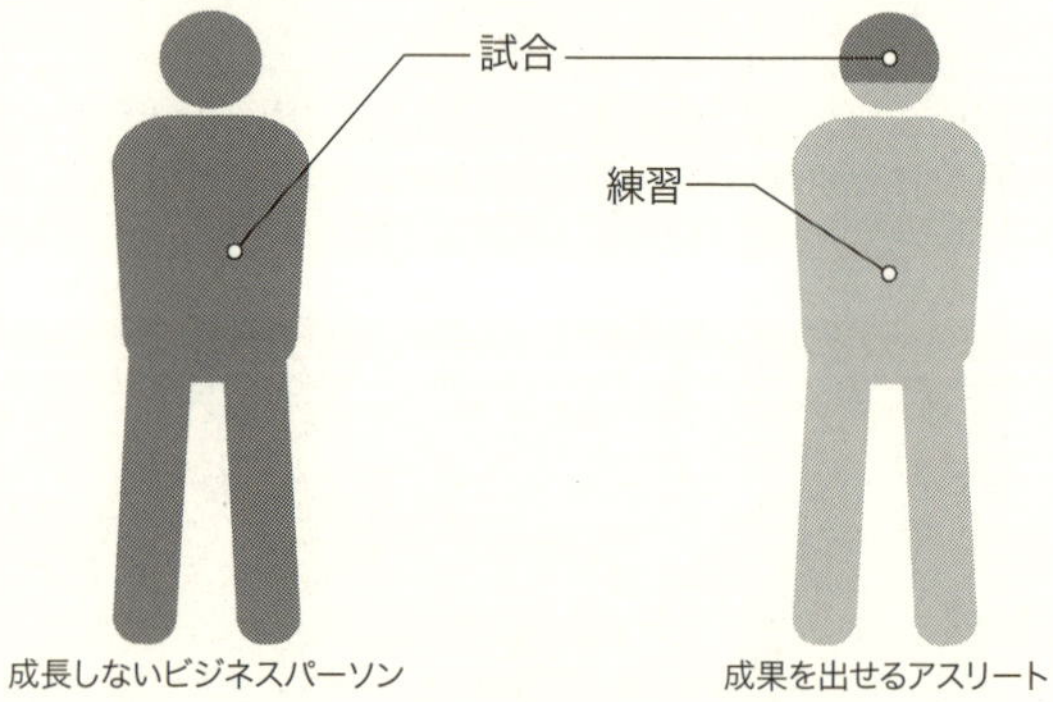

年収に甘んじるのは当然だということです。

スポーツ選手を例にしてみましょう。彼らが試合で最高のパフォーマンスを出したとしても、それを支えているのは、人が見ていない場所で繰り返される大量の練習です。乱暴な言い方をすれば、〝勝つ〟ためには、本番2に対して練習8くらいの割合で、練習に費やす時間や情熱が必要なのではないでしょうか。当たり前ですが、それをしなければ結果など出るわけはなく、セルフマネジメントを継続していかないと「戦力外」になってしまうことを、彼らは自覚しているのです。

ところが、ビジネス知性をアップしようとしないビジネスパーソンは、言わば「試合」ばかりしていて、全然「練習」が足りていません。

だから選手としての基礎体力も技術もアップするはずがなく、試合成績も振るわなくなっていきます。

それで年収をアップさせようなんて無理な話です。「どんな選手でも出番がある」ような右肩上がりの時代は、とうに終わっているのですから。

これはビジネスに限ったことではありません。ビジネスパーソンであれ、主婦であれ、学生であれ、これからの時代、自分の人生を充実したものにしていくためには、みんなと同じお仕着せのものに頼っていては、先がないのです。

価値観や選択肢の多様化が進んでいく中で、自分の魅力は自分で磨かなければならないし、そもそもの自分のありようについても明確な指針を持たなければなりません。

自分を伸ばす方法は自分で見つける。自分のことは自分で変えていく。そんな「超」がつくほどのセルフマネジメントの時代に突入しています。そして、そういう時代にこそ、「始める力」は必須なのです。

若い世代こそ、〝始める潜在力〟を秘めている。そして〝始める人〟は大差をつける

今、「出世したくない」という若者が増えています。一流大学を卒業して大企業に入社

したような「エリート候補」の中からも、そういう声が多く聞かれます。

それに対して、彼らの上の世代は批判をするばかり。

「まったく、今の若者ときたら……」

「おれたちの頃は、もっと必死だった」

やる気も根性もまったく見えない、と嘆くわけです。

しかし、若い世代にしてみれば、彼らなりの言い分があります。彼らが出世したくないと考えてしまうのは、「出世したからといって、なにもいいことなさそうだから」です。

「仕事が増えて、そのわりには給料は大して増えていないみたいだし」

「課長といったって、部長から威張られてばかりじゃん」

「いつもストレス溜めて不機嫌で、ああなりたくないよ」

つまり、上の世代こそが、彼らの夢を壊しているとも言えるのです。

私は、なにかにつけ批判される「ゆとり世代」の若者もたくさん見てきています。しかし、冷静に観察してみれば、景気のいい時代にエレベーター式で出世した上の世代よりも、今の若い世代のほうが勉強もしているし危機感も持っていると感じることがあります。

人口がどんどん減りマーケットが縮小していく現在の日本において、過去の成長時代のビジネスモデルがすべて通用するはずがありません。それなのに、相変わらず変わろうとしない〝上の世代〟にも問題があるのではないでしょうか。上の世代は、若者たちを「だらしない」とくさすばかりで、自分を変えようとしているようには見えません。

実際のところ、**成長時代に働き盛りだった上の世代は、「自分で新しいことを始める力」が非常に脆弱《ぜいじゃく》です。**特別になにか始めなくたって、どんどん給料は増えてポストも上がっていったため、そんな必要はなかったからでしょう。

係長は課長のやっていることを、課長は部長のやっていることを見ておけば、やがて同じように自分もそれをやる場が与えられたのですから。

そんな彼らは、自分たちの時代と今の違いをわかっていません。だから、若い人たちを見て「おれたちのようにやればいいのだ」と思ってしまいます。

もちろん、それでいいはずはありません。

今の二〇代、三〇代にとって、会社とは関係なく新しいなにかを始めることはとても重要だし、それをしなければ生き残っていけません。そうした状況に置かれていることを意識している**若い世代の、潜在的な「始める力」は、上の世代よりもずっと高い**と私は思っています。

そして、だからこそ、**新しいなにかを始められるか否かで、ほかと大きく差がつくのだ**と思っています。

五分続けば、充分すごい！「五分の価値」を変えよ

「ビジネスで必要な英会話の勉強をしよう」

「健康維持のために運動をしよう」

「料理下手から抜け出すためにレパートリーを増やそう」

「今度こそやせよう」

「禁煙しよう」

「本気で婚活しよう」

多くの人が、これまで何度も、新しくなにかを始める決意をしたことでしょう。

新年を迎えるたびに「今年こそ」と誓う人もいるでしょう。それなのに、毎年「今年こそ」で終わってしまうのは、決意するだけで一向に「始められない」からです。

人がなにかを始めることを阻害している要因については次の章で検討していきますが、**そもそも現代人には、時間が不足しています。**

ビジネスパーソンであれば、朝から晩まで会社に縛られ、家に帰ったときにはぐったり。週末も、やり残した仕事を片づけたりしているうちに終わってしまい、「とても新しいことを始める時間などない」というのが実情でしょう。連絡手段も、電話、メール、LINE、ツイッター、フェイスブック……といくつもあって、その対応だけで何時間も費やしてしまうことになります。

しかし、そうした中でも、**確実に行動に移せている人はいます。**たとえば、会社をいくつも経営しながら、勉強もスポーツも続けている成功者や、責任あるプロジェクトを任されている人が、趣味でもプロ級の腕前を見せるような例を、私はいくつも知っています。**一日二四時間という条件はみな同じ。いかに、そこから要領良く「始める時間」をひねり出すかが勝負**です。

私は、**「五分できれば充分すごい」**と考えています。

一日五分、英会話のテープを聴く。
一日五分、スクワットをしてみる。
一日五分、専門書を読む。
一日五分、近所を歩く。

これだけで、かなりすごいと思いませんか？

「たった五分くらいじゃ、やってもやらなくても同じでしょ」

もし、こんなセリフがあなたの口をつくなら、それは言い訳する材料を探しているだけ。

だって、考えてもみてください。毎日続けると、これはどんな数字になるでしょうか。

一日五分を三六五日やれば、一八二五分。三〇時間以上になります。英会話教室にしろ、スポーツクラブにしろ、一時間のレッスンを三〇回受けたのと、なにもしなかったのでは違いますよね。

私たちに与えられた最大の財産は時間。「なにかを始める」というのは、大事な五分の価値を大きく変えることなのです。

「極める」時間など誰にもない。中途半端でも、やればその分差がつく

なにかを始めようとするとき、それが仰々しいものである必要はありません。立派な態度で臨む必要もありません。**ちょこちょこ始めてすぐに撤退したっていいし、途中で尻尾を巻いて逃げ出したって構いません。**

「何事も中途半端にやってはいけない」などと、訓辞を垂れる人がときどきいます。極め

るまでやる覚悟がないなら、安直に手を出すなと言うのです。

でも、そういう人に限って、実際には自分自身が「始められていない」ことが多いように思うのですが、どうでしょう。自分が「始めていない」言い訳を正当化して、他人に押し付けているようにしか、私には思えません。

「今さら、そんなことしたって無意味だって」

「あと、一〇年早けりゃね。おまえ、いくつになったんだよ」

あなたの周りに、こんなことを言って足を引っ張る人がいても、あなたにやりたいことがあるなら、そんな言葉は無視して構いません。

そもそも、忙しい現代人に「物事を極める」時間などありません。極めなくたって、**中途半端にやるだけだって、なにもしない人よりも確実にスキルはアップしていきます。**

たとえば、自分の仕事に関する本を一〇冊読んだのなら、それだけでも自分をほめてあげていいでしょう。

今、リーダーシップについて悩んでいるマネジャーは多いけれど、実際にリーダーシップに関する本を一〇冊読んだ人は、私が会っている限り、そういないものです。だからこそ、読んだ人はほかと大きく差がつきます。

あるいは、月に一回しかやらないゴルフだって、まったくやったことがない人よりは知識も経験も醸成されます。月にたった一度であっても、ゴルフを実際に自分がする前とした後では、テレビ中継でやっている試合の見方も根本的に変わります。どちらが楽しいかは言うまでもありません。見えてくる細部が段違いに増えるし、理解も深まり、プレーヤーの気持ちも、わかってくるものです。最終的に、プロのプレーを見て気づけたことを、次回の自分の練習に生かすこともできます。それが、自分の成長にどれだけ価値のあることか、言わなくてもわかりますね。

「やらなくちゃ。でもちゃんと取り組む時間がない」

「また中途半端で終わってしまった。意味がないことをした」

こうしたジレンマは、今日からきれいに捨ててください。

その発想が、あなたを苦しめていただけなのですから。

この世で、人々が行っていることのほとんどは中途半端。中途半端、大いに結構ではありませんか。

「最初の一歩」に能力は関係ない。ほんの「小さな一歩」でいい

なにかを始めるときに、大仰に考えれば失敗します。**「小さな一歩」をそっと踏み出す。**それこそが、最も重要なポイントなのです。

サハラマラソンを完走するまでになった私の、最初の一歩は実に小さいものでした。

四〇歳を過ぎてから、私はある雑誌の仕事をきっかけに「フルマラソンを走ってみたいな」という思いに駆られるようになりました。しかし、当時の私は運動習慣を持たず、およそ身体は緩みきっていました。

そこで、専門家のアドバイスを求めると、こう言われたのです。

「まずは、週に二回、三〇分ずつ歩いてください」

走る必要もなくてただ歩く。地下鉄の駅にして一駅ばかりを、週に二回歩くだけ。

「そんなんでいいの？」

ちょっと不満に感じながらも、言われた通りにやってみました。時間も自由にしていいというので、朝の出勤前の時間を主に使いました。

それに慣れてくると、今度は別のアドバイスが加わりました。

「じゃあ、三〇分のうち、五分だけ走ってみましょう」

「それができたら、五分を一〇分に延ばしてみましょう」

◆少しずつ変えていくのがベスト

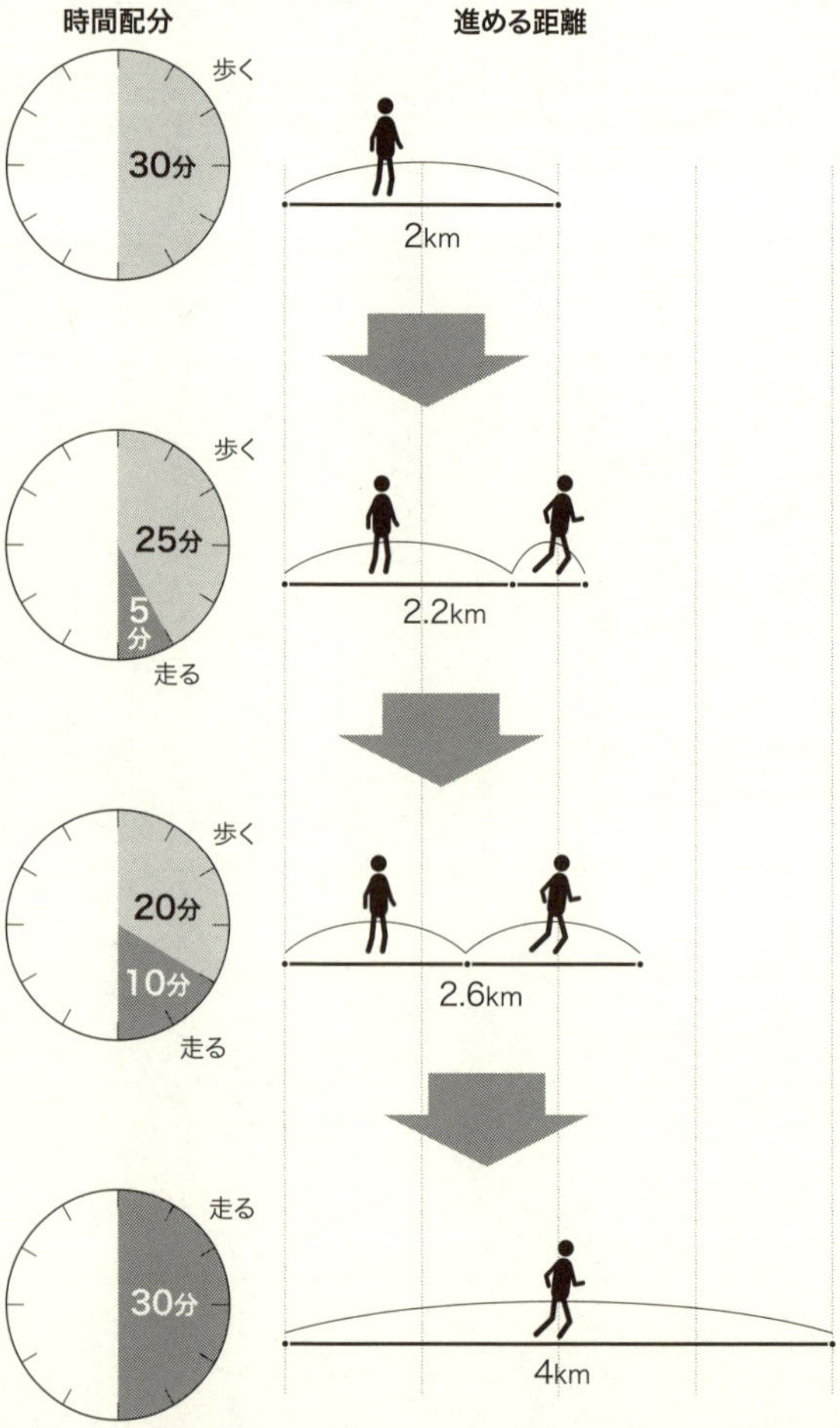

途中、疲れたらズルして休んでいいという条件付きで、少しずつ少しずつ走る時間を増やしていくうち、ついに、三〇分すべてを走れるようになりました。

私は、はじめて三〇分間走り通せたときの感動を今でもよく覚えています。

「四〇歳過ぎたって、走れるじゃん！」

その達成感が背中を押してくれ、私は走ることが大好きになりました。

最初は、「週に二回、三〇分歩く」ことしかできなかった私は、やがて一〇キロマラソンに挑戦し、完走することができました。

そして、ハーフマラソン、フルマラソン、一〇〇キロマラソン、ついにはサハラマラソンまで走りきることができるようになったのです。

私が自分の経験を通して言えること、あるいは、アドバイスしている企業の経営者や従業員を見ていて言えることは、**「始める能力に差などない」**ということです。

なにかを始めるというのは、とても素晴らしいことなのですが、躊躇《ちゅうちょ》してしまう人が多いのも確かです。自分の「始める能力」に自信が持てないのでしょう。

しかし、始める能力に優劣はありません。あるのは、その能力を使うコツを知っているかどうかの違い。**コツさえつかめば、なんだって上手に始められるようになります。**

最初は「小さな一歩」でも、想像以上の地点まで到達できる

なにか小さなことを始め、ふと気づくと、当初の予定よりもはるか遠くに到達していることがあります。だから、始めるってとても面白いのです。

私のマラソンがまさにそうです。

週に二回、三〇分のウォーキングを始めた私にとって、フルマラソンを完走するのが夢でした。

「ハーフマラソンがせいぜいかもしれないけれど、フルマラソンを走れたら最高だな」

そんなときが本当に来るのか、当時の私は半信半疑でした。

ところが、それから五年も経たない今、一〇〇キロマラソンはおろか、サハラまで完走した私がいます。「次には南極大陸を走ってみたい」などと考えている私がいます。

最初から大きな目標など掲げなくたって、コツをつかんで始め、継続すれば、とてつもないところまで到達できるのです。

ビジネスにおいても同様です。

私は、アメリカで「行動科学マネジメント」という素晴らしい理論に出会い、それを多くの日本企業に取り入れてもらおうと今の仕事を始めました。しかし、当初は、ここまで

◆「始めてみると行ける世界」がある

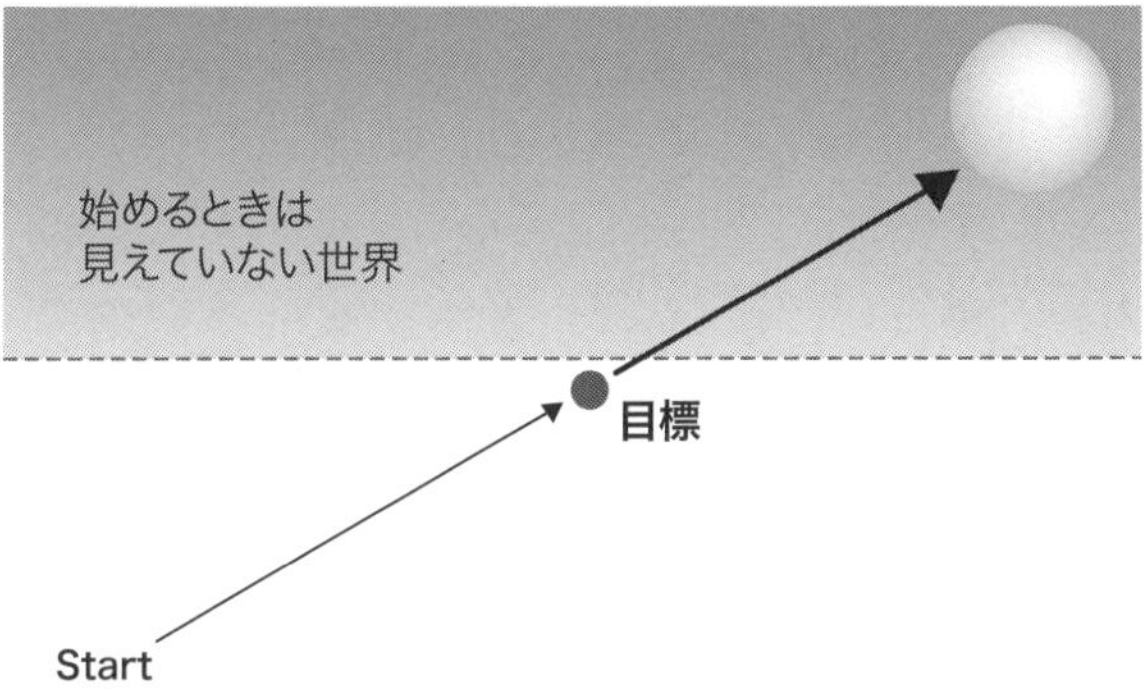

広く受け入れられるとは思っていませんでした。むしろ、スケールアップなど考えず、無心で始めたのですが、それが良かったのかもしれません。

あのイチロー選手が、幼い頃からプロ野球選手を目指して練習してきたことは有名です。しかし、イチロー選手だって、スタートは「小さな一歩」だったことに異論を唱える人はいないでしょう。

幼い頃にはプロ野球選手を目指して、プロ野球選手になってからは日々の成績アップのために、ストレッチや素振りなどの基礎訓練を欠かさずにやってきた。それを繰り返していたら、いつの間にか、大リーグの記録を塗り替えていた……ということではないでしょうか。

まさに、**「平凡の積み重ねが非凡を生んだ」**わけです。

アップル社の創業者で、惜しまれて亡くなったスティーブ・ジョブズも、最初は小さなガレージからスタートしました。そのときは、まさか、自分の事業がここまで大きくなるとは思わなかったでしょう。

でも、**どんな大きな事業も、誰かが「始めた」から存在します。**始めなければ「ない」のです。創業者が、自分がやりたいことについて、ただ「小さな一歩」を踏み出しただけ。「始める」とは、実に価値ある行動だとわかるでしょう。

続けるかやめるかの答えを出すことに「始めた意味」がある

なにか始めたいことがあるのに躊躇している人に、勘違いしないでほしいことがあります。「始めたからにはやめられない」ものでもないし、「始めたことをやめてしまうのはマイナス」でもないということです。**「始める」とは、それだけで、あなたの人生に確実なプラスをもたらす行動なのです。**

なにかを始めたあとには、必ず二つの選択肢が待っています。

1　始めたことを続けるか

2 始めたことをやめるか

多くの人が、「1」でなければならないと考えてしまいます。しかし、実際には、このどちらであってもいいのです。意外に思われるかもしれませんが、**始めたことを、やめてもいいのです。**なぜなら「続けなくていい」という答えが出たのですから。

一番まずいのが、「もう続ける必要ないんじゃないか」と思いながらやめないこと。つまり、ずるずると答えを出そうとしないことです。

ところが、仕事でも恋愛でも、そういうケースがかなり見受けられます。

「この会社にいてもしょうがないんじゃないか」と思いながら、ぐずぐず辞めずにいて転職ができない年齢になってしまう。

「この人とは別れたほうがいいんじゃないか」と思いながら、とりあえず一緒にいる人が欲しくてつき合い続け、腐れ縁になっていく。

あなたの周囲にも、こういう人が多いのではないでしょうか。

人は、一度手に入れたものを手放すことが、なかなかできません。

「あれもこれも持っていたほうが、最後は有利なんじゃないだろうか」

「捨てることはいつだってできるのだから、とりあえず確保して……」

などと考えるからです。

しかし、**得をしたくて手を放さないでいるために、本当につかむべきものをつかめないということが起こります。**

もちろん、続けることは力になりますし、そこに意義を見いだせるなら頑張る必要はありますが、超セルフマネジメントの時代には、自分を苦しめるだけの選択はすぱっとやめて、新しい世界を探る勇気も持たなくてはなりません。

「なにかを始める」ということは、いずれそのことに答えを出すこと。どんどん始めて、どんどん答えを出していけば、自ずと決断力もついていきます。

あなたが始めたことならば、続けるのもやめるのもあなたが自由に決める。その答えを出せるのは、あなたしかいません。

「始めない」人は、自由に自分の意思で動ける気持ち良さを知らない！

始めたことを続けるにしろ、やめるにしろ、自分で答えを出すことは、とても気持ちがいいことです。でも、会社組織や恋人など、**自分以外の存在の決定に依存するクセがついている人は、その気持ちの良さを忘れてしまっている**のです。

上司命令で始めた仕事は、上司の許可なくやめることはできませんね。また、頑張って仕事を続けてみたところで、それもまた、あなただけの意向によるものではありません。あなたに限らず、役員クラスの上層部だって、仕事の場で個人が自由に答えを出せることなど、ほとんどないのが実情です。

結局のところ、個人が自分だけの考えで答えを自由に選択できるのは、その人が始めたことについてのみです。逆に言えば、**普段から新しくなにかを始めるクセを持たない人は、自由な選択ができない人生を送っている**ということになります。それって、とてもつまらないことだと思いませんか？

こういう人は、万事において依存心が高くなります。

「宅建取るなんて、私には無理かなあ」

「水泳とランニング、どっちが向いてる？」

「株って、始めてもいいと思う？」

決心できなくて、誰かに背中を押してもらいたい。その気持ちはわかります。しかし、自分で始めたことでなければ、答えを選択するときにも自分の声に素直になれません。

自分の意思で新しくなにかを始めるということは、自由の証。始めるのも自由、続けるのも自由、やめるのも自由です。

自分の意思でなにかをするというのは最高に気持ちのいいことなのに、始められない人って結構多いですね。「自分で答えを出すこと」を避け、始めないことに甘んじている人は、実は、自由に選択できない世界に慣れてしまっているのです。

どんどん新しいなにかを始めるクセをつけて、もっと自由に生きましょう。**なにかを始めることは、そもそも自分はどう生きていきたいのかという重要なテーマを問い直すきっかけになります。**

ぐずぐずと始めないでいることは、あなたが想像している以上に広い分野で、あなたの人生を損なうことになります。

三日坊主は、「自分に必要のないもの」を見つける指針

私は普段から、「優先順位」ではなく「劣後順位」で物事を進めています。そのほうが、はるかに効率がいいからです。

「劣後順位」と言っても聞き慣れない人もいるかもしれませんね。優先順位の逆、ということ、つまり、「やらないことを決める」ということです。

たとえば、あなたに一〇個の仕事が与えられたとしましょう。優先順位で考えれば、それに一から一〇まで番号をつけていくことになります。

すると、一番目から始めて、結局一〇番目までやらなければならないような気分になりませんか。三番目までやり終えても、「まだ、七つも残っている」。立派に八番目までクリアしたのに、「二つできなかったな」。

つまり、優先順位で考えると、「なにもかもやらねばならない」という思いから抜け出すことが難しいのです。そして、それができなくて、自己評価を下げてしまいます。

一方、劣後順位は、「自分にとって最も必要のないものはどれか」から考えていきます。一〇個の仕事の中で、自分以外の人に受け持ってもらったり、外部に発注したりすることができるものがないか。じっくり見極めて、その一個を捨てます。残った九個の中から、また新たな視点で同じように検討し、一個を捨てます。

これを繰り返していけば、本当にあなたがやらねばならないことは案外少なくなるのです。

もし、優先順位でものを考えたいときにも、いきなり頭から順番をつけるのではなく、まず劣後順位で捨てられるものを捨ててから行えば、ずいぶんスッキリするでしょう。ち

◆劣後順位ならスッキリ

優先順位で考えると……

① ② ③ ④ ⑤ ⑥ ⑦ ⑧ ⑨ ⑩

↓

⑦ ② ⑥ ④ ⑤ ① ⑨ ⑩ ⑧ ③

全部並ぶ

劣後順位で考えると……

① ② ③ ④ ⑤ ⑥ ⑦ ⑧ ⑨ ⑩

↓

~~①~~ ② ~~③~~ ~~④~~ ~~⑤~~ ⑥ ⑦ ~~⑧~~ ~~⑨~~ ~~⑩~~

まず捨ててから並べる

↓

⑦ ② ⑥

スッキリ！

なみに「捨てる」とは言っても、まったくやらない、というわけではなく、自分がやらなくても大丈夫なものを見つける、ということですので、無責任なことではありません。

これほど価値観も選択肢も多様化した社会に生きている私たちは、「自分には向いていないこと」「自分がやる必要のないこと」をどんどん手放していかなければ潰れてしまいます。「捨てる」「片づける」というテーマがもてはやされているのは、現代人の危機感の表れでもあるでしょう。

そして、**「自分には向いていないこと」「自分がやる必要のないこと」の見極めを正しく行うためにも、「始めてみる」ことが大事なのです。**始めなくては、なにもわかりませんから。

頭でグズグズ考えていないで、「ちょっとやってみる」というのが一番です。

「やってみたけど上手くできない」

「やってみたけど面白くない」

なら、どんどん手放していけばいいのです。

「三日坊主」という言葉は悪い意味で使われますが、私はそうは思いません。そもそも、三日って、意外に長いですよ。三日でも続けられたものは、あなたがそれなりに頑張ってやろうと思ったことでしょう。にもかかわらず三日坊主に終わったものであれば、**それはあなたの人生で劣後順位の上位にくると考えてもいいでしょう。**選択肢がたくさんある中で、「重要度・必要度の低いもの」を振り分けるための基準を「三日」と考えれば、自分の整理の役に立つのではないでしょうか。

この章の冒頭で、ビジネスパーソンにとって勉強は必須だと述べました。しかし、どういう勉強をすればいいのか図りかねている人もいることでしょう。人によってその内容は違いますし、頭で考えていてもなかなかわかりません。だからこそ、三日坊主になることを恐れず、まず始めてみる。やってみて三日坊主なら、それは必要のないものと判断するのも一つの方法です。

面白いかどうかを決めるのは、世間じゃなく、あなた自身

さて、趣味やプライベートに、視点を思いきりシフトしてみましょう。

一昔前、「自分探し」なる言葉が流行しました。

就職を控えた大学生が、バックパックを背負って貧しいアジアの国々を旅しては、「自分を探す」姿が多く見られました。それは、豊かな時代にモラトリアムに陥った若者たち

を中心とした、ある意味、余裕のある現象とも言えました。「自分探し」という言葉に安易に酔っていただけの若者も多かったのでは、という意見に賛同してくださる方は多いと思います。

しかし、あの頃とは違って、「生きるのが厳しい」と言われている今の時代の人たちにとって、「自分のやりたいことを見つけたい」というニーズは切実なものとなっています。

経済が冷え込み、社会保障もあてにできない今の時代、仕事を放り出して旅している余裕などありません。だからと言って、「なにかを見つけたい」気持ちがないわけではなく、ないどころか、以前より強いと私は感じます。というのも、お金だけでは幸せにはなれないということを、みんな心のどこかで感じているからです。

「確かに、仕事は仕事でしっかりやっていかなければならない。しかし、ただそれだけの人生では虚しい」

だから、仕事以外に自分が打ち込めること、没頭できることを見つけたいと、多くの人が考えているのです。振り返ってみると、「マラソン大会に出てみたい」と私が感じたのも、同じような理由だったのかもしれません。

充実した人生を送るためには、「これ、やって良かった！」と思える趣味があることは極めて重要でしょう。しかし、それは**頭で考えているだけでは見つかりません。**

とにかく、ちょっとでも興味を感じたらやってみることが大事です。あなたにとって**面白いかつまらないかは、実際にやってみなければわかりません。**それは、世間の常識で決めることではありません。

ここ数年、「山ガール」が急増しています。以前は若い女性の登山者は少数派でした。簡単な山歩きに誘っても、たいてい否定的な答えが返ってきました。

「えー、山？　重い荷物背負って歩くんでしょ？　それに、トイレとかも困りそうだし」

ところが、こうした若い女性の中に、一度登ってみたら山の魅力に取りつかれる人がたくさんいたのです。

さらには、鉄道に関心を持つ「鉄子」や、飛行機好きの「空美」といった、いわゆるオタク的な趣味に没頭する女性も増えています。

一方で、男性にも「料理」や「編み物」などが受け入れられつつあり、昔と比べて趣味の範囲は大きく広がっています。

「世間で流行っているから」とか「なんとなく体裁がいいから」とかいうのではなく、**「本当に自分がやりたいこと」を知っている人は、人生が何倍も楽しくなります。**

しかし、それとて、やってみなければわかりません。**今とても夢中になれる趣味を持っている人がみんな、最初から「それやりたい！」と思っていたわけではありません。**なかには友人に誘われて不承不承やってみたら、友人よりもはまってしまったというケースもたくさんあります。

だからこそ、誘われた段階でダメと決めつけずに、**「ちょっとやってみる」好奇心を持つことです。**

我が社に新しく入ってきた従業員を、私は「一〇〇キロウォーキング」に誘ってみました。すると彼は、「人生のネタになるから」という理由で参加しました。

「二〇キロじゃネタにならないけれど、一〇〇キロなら合コンで話をするときの話題にもなりますから」

これでいいと思うのです。そのことにどういう意味を見いだすかは人それぞれ。やってみて面白いと思うか、二度とやりたくないと思うかも人それぞれ。

気楽にこだわりなく始めることは、まったく新しい自分に出会えるチャンスなのです。

どんな習慣も、あるときに「始めた」ものである

「人生は習慣がつくる」とよく言われます。

定期的に運動する習慣があれば健康維持に役立ちます。逆に、喫煙習慣があれば健康は害されます。

人の目を見て挨拶する習慣がある人はコミュニケーション上手だし、乱暴な言葉遣いをする習慣があれば人間関係を損ないます。

あなたが良い人生を送りたければ、良い習慣を多く持つに限ります。

ところが、「習慣」と言うと、あきらめてしまう人が多いのです。「もう身についてしまったもので、変えようがないのでは?」と。

しかし、**どんな習慣も、あるときから「始めた」にすぎません。**

たとえば、「歯を磨く習慣」。

あなたには、歯を磨く習慣があるでしょうか?

「あるでしょうか?」と聞くのがバカらしいくらいに、あるに決まっていますね。でも、その習慣は、赤ん坊だったあなたは持っていませんでした。

親に「歯を磨きなさい」とうるさく言われ、歯ブラシと歯磨き粉のチューブを渡される

ことを繰り返しているうちに、いつの間にか自分から歯を磨くようになったはずです。そして今では、歯を磨けない状況になったら、気持ちが悪くてしかたないでしょう。ここまできてしまえば、「歯を磨く」という良い習慣を続けるためにあなたが苦労することは一つもありません。

「車に乗ったらシートベルトをする」という習慣のない人も、昔は多くいました。そのための重大事故が絶えませんでした。「面倒くさい」「わずらわしい」などの言い訳を聞いたことがあります。しかし、法令化して罰則が加えられるようになり、渋々装着しているうちに、すっかり習慣化して、今は「シートベルトを締めなければ不安」と思えます。

運動や勉強も同様で、「それをやらないと気持ち悪い」というところまで習慣化してしまえば、こちらのものです。

私のランニング習慣もまさにそれ。走り終えたあとの爽快感をすっかり身体が覚えているため、毎朝「走りたくてしょうがない」状態で走り出すことができるのです。

とはいえ、雨が降っていたり酷く暑い日などはさぼります。**習慣化されていれば、少しくらいさぼったって、どうということはありません。**

あなたの人生をより良いものにするために、良い行動をどんどん始め、それを習慣化していきましょう。

ネガティブな妄想を次々つくりあげる脳から脱するには、「行動」を！

「始めること」には「行動」がともないます。

行動科学マネジメントについては第三章で詳しく触れますが、**私たちの人生を決めているのは、すべて行動**なのです。

始めたいと思いながら始められない人は、いつも頭でぐちゃぐちゃ考えている人。さっさと始める人は、それよりも先に行動を起こせる人。

このぐちゃぐちゃ思考がどんなものか理解しましょう。その思考から脱却できるかどうかが重要なのですから。

なぜ「ぐちゃぐちゃ思考」が生まれるのか、詳しく説明しましょう。

私たち人間は、「認知のゆがみ」によって間違った判断をたびたび下します。

「認知」とは、「起こっていることに対する捉え方」と言ってもいいでしょう。

人間は、動物の中で唯一、認知と現実の区別がつかなくなる生き物です。我々人間は、頭の中でつくりあげたありもしない世界を現実と思い込み、自分を苦しめたり、可能性をせばめたりしてしまうのです。

たとえば、あなたの目の前をタクシーが走り過ぎたとしましょう。

あなたは、「タクシーが走っているな」と認知します。それは正しい認知です。しかし、多くの場合、認知がそこで止まることはありません。

「あのタクシーはずいぶんスピードを出しているな、気性の荒い運転手に違いない」

「そういえば、この前乗ったタクシー、感じが悪かったな」

「短距離の客だったから、バカにしたんだろう」

などと、勝手に目の前の現実とは違う話を頭の中でつくりあげて、イライラしたりします。

それにしても、どうして、そんなことが起きてしまうのでしょうか？

人間の頭の中には、意識しているいないにかかわらず、一日に七万回も、目の前にあることとは関係のない言葉が、いろいろ流れていると言われています。

つまらない会議に出席しているときはもちろん、取引先と商談しているときだって、大量の言葉が勝手にあなたの頭の中に流れ、それらがいろいろ結びついて、今いる場所とは関係ない思いが浮かんでは消え、浮かんでは消え、を繰り返します。

「そういえば、小学校の頃から習い事が続かなかったな」

「おふくろ、どうしているだろう」

「ああ、明日はプレゼンか。気が重いな」

「隣に引っ越してきたやつ、挨拶に来ないな」

身体はそこにあっても、心は過去に未来に、あっちへこっちへと、まさに「心ここにあらず」状態になってしまう経験は、誰でも思い当たりますよね。

そして、そうしたことを繰り返しているうちに、認知と現実がごちゃまぜになり、勝手な妄想を膨らませていきます。

しかも、**頭の中に流れている言葉は、その多くがネガティブなものであるらしく、その結果、妄想もネガティブになっていくのです。**

「どうせ、これからなにを始めたって、続かないに決まっている」

「田舎の親戚はおれを良く思っていないからな」

「プレゼンしたところで、どうせライバル社に行くんだろう」

「隣のやつ、きっとおれを嫌っているに違いない」

現実はまったく違うのに、勝手にそうした世界をつくりあげ、そこで生きているのが人

◆人間の頭の中にはネガティブな言葉がいっぱい

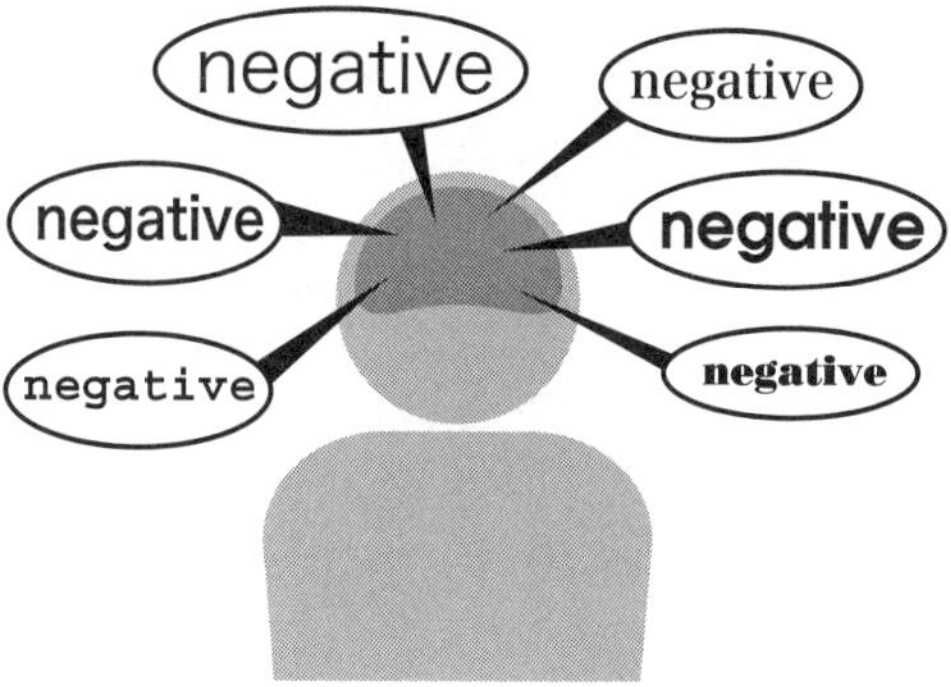

間なのです。

私たちが日頃から抱えるストレスの八割は人間関係に起因すると言っていいでしょう。でも、その**ストレスの原因は周囲の人々にあるのではなく、実は本人の「認知のゆがみ」がつくりあげています。**

私たちは、「認知のゆがみ」をゼロにすることはできません。しかし、少しでも妄想から現実へと自分を引き戻すことはできます。

なにかを始めるために行動を起こすことは、まさに現実を生きること。行動は、いつも現実そのものです。**ぐちゃぐちゃ思考に苦しんでいる人こそ、一歩踏み出して行動に移していきましょう。**

「始めることで、進化し続ける」のが人間

もっとも、人がなかなか新しいことを始められないのも当然と言えば当然なのです。動物の最大の使命は「種の保存」です。種の保存を考えたら、環境を変えないことが第一。新しいことになどチャレンジしないほうがいいわけです。

だから、人間以外の動物は、長い間ほとんど生活スタイルを変えることなくここまで来ています。

でも、人間もそれでいいのかと言ったら、違うでしょう。人間は、変わることで次々と進化を遂げてきたのですから。

ある物事を別の物事と関連させて、新しい発想をするのが人間の力です。

卑近な例で言えば、よく磨かれた空のグラスを見て、冷たいビールを連想し、それに合うつまみをつくりたくなる……これは人間ならでは。

電気や飛行機を発明したのも、こうした人間ならではの発想があるからです。

「AとBでCができるかも！」

こういう思いが行動につながったとき、文明は発達します。

実際にCができれば大発明ですし、できなかったとしても「できなかった」という結果

が残ります。**「できなかった」とわかることも、一つの進化**です。

だから、あなたが進化したいなら、新しいことを考えてそれを行動に移していくしかありません。どんなに**新しい画期的なことであっても、頭の中で考えているだけでは、あなたに進化は訪れません。**

それどころか、マイナスな結果にさえなり得ます。

前述したように、人間はゆがんだ認知をしがちです。頭の中で考えてばかりいれば、偉大な発明が生まれるどころか、ネガティブな妄想が先行するからです。

私たちは、せっかく人間に生まれてきました。変わることができる存在に生まれてきました。**「やってみよう」と思ったことは、変化を恐れずに、どんどん行動に移していきましょう。**

「意志の弱さ」は、できない理由にはならない

「明日には始めようと思っているのに、その明日が来ると始められない。まったく私は意志が弱いんです」

ダイエット、ウォーキング、英語の勉強、禁煙、早起き……つい一日延ばしにしてしま

う人がよく口にするセリフです。

では、**なにかを始めようとするときに、本当に強い意志が必要なのでしょうか？**

意志が強い人は始められるけれど、弱い人には無理なのでしょうか？

いえいえ、そうではありません。すぐに始められる人、なかなか始められない人の違いを、意志に求めてはいけません。

そもそも、「意志」ってなんでしょう？

少なくとも、数値化して人と比べられるものではありませんよね。そんな曖昧《あいまい》なもので自分を決めつけてはいけません。

以前私は、ある資格試験に挑戦している女性から相談を受けたことがあります。

彼女の仕事は残業が多く、帰宅は深夜になりがち。そのため、定期的に勉強する時間は朝しかつくれません。

「でも、せっかく早く起きても、どうしても二度寝しちゃうんです。寝ちゃいけないとわかっているのに、誘惑に勝てないんです」

自分の意志の弱さをどうにかしたいと嘆いているわけです。

しかし、**彼女が改善すべきは意志ではありません。環境です。**

眠いときにそばにベッドがあれば、潜り込みたくなるのは当たり前です。二度寝の誘惑だらけの場所で自分の意志と戦っていること自体、不毛です。その環境を改善すればいいだけの話です。

「そんなの、家にいるからいけないんだよ。起きたら身支度してとにかく家を出て、ファミレスでもいいから場所を移して勉強すること」

私は、こうアドバイスしました。

「そうか、それでいいんですね」

彼女は、まだ空いている早朝の電車で会社の近くのカフェまで行き、そこで一時間ほど勉強することにしました。ときどき、こくりこくりと船を漕いでしまうことはあっても、確実に勉強は進んでいるそうです。

なにかを始められない言い訳として、「意志の弱さ」を持ち出すのは最悪です。そこにフォーカスすれば、人間特有の認知のゆがみがさらに進み、「自分はダメ人間だ」などという考えにとらわれるのがオチです。

◆自分に合った入り口から入れ

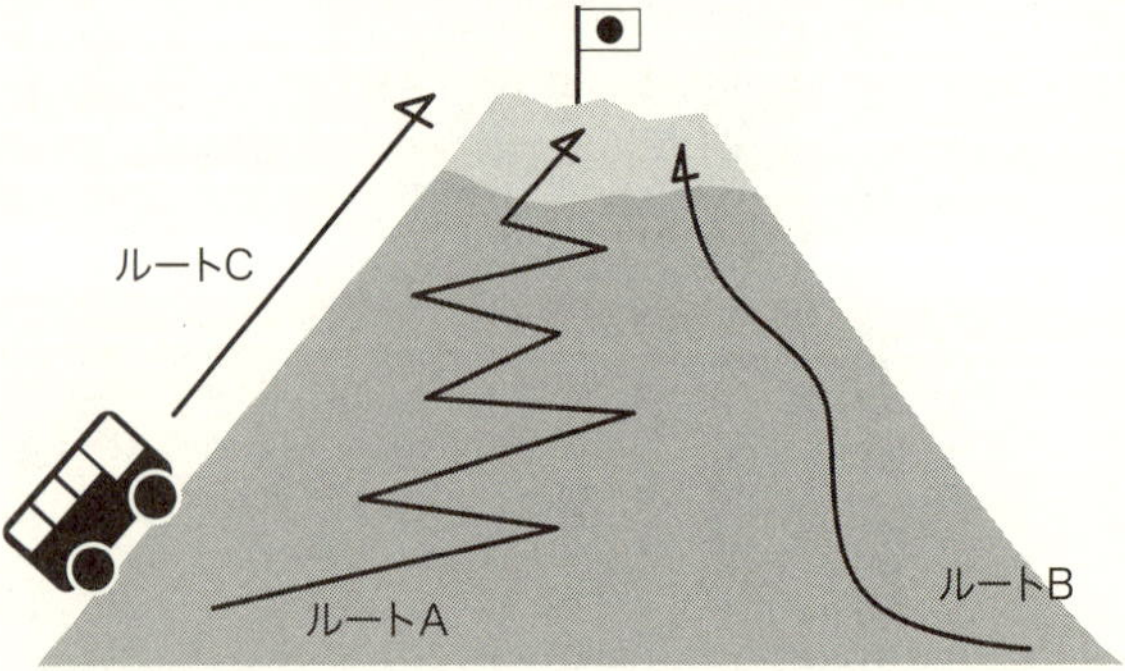

入り口はたくさんある

一口に「富士山に登る」と言っても、方法はたくさんあります。

一番下から登ってもいいし、途中までバスで行ってもいいし、ヘリコプターをチャーターしたっていいでしょう。いろいろ調べて、その中から自分に適したルートを選べばいいのです。

だから、たとえ身体にハンディがあっても、「私には富士山に登ることはできない」と決めつけることはありません。

マラソン大会に参加すると、車いすの人や視覚障害者など、ハンディを抱えた人たちが、それをものともせずに完走する様子を目にします。彼らは、ハンディを理由に「できない」とは考えません。ハンディがあるなら、「だったら、どうすればできるか」と考えます。この考えができたら、それは確実にできるのです。

ハンディのある人に比べて、健常者はより多くの方法を取れるはずなのに、実際にはそれを探りもせずに「できない、できない」と言います。入り口はたくさんあるのに、一つの扉しか開けようとしません。

英語の勉強を始めるときに、多くの人は英会話教室に通うか、音声教材を聴くという方法を選びます。もちろん、こうした王道を歩くのも悪くありません。

でも、それが退屈だったら、入り口を変えればいいのです。

面白そうなハリウッド映画をたくさん観るとか、歌詞カードを手にマイケル・ジャクソンのCDを聴くというのだって、なにもやらないよりは数段いいはず。

繰り返し述べますが、**あなたが自分で始めることに関しては、なにをどうやろうとあなたの自由**です。大きな入り口、正面の入り口、立派な入り口を選ぶ必要はありません。**大事なのは扉を開けて中に入ること**です。

あなたは、もう「始めている」かもしれない!?

なにかを始めるとき、いったいどの段階をもって、それを「始めた」と言えるのでしょう。

行動科学マネジメント理論（詳しくは第三章）では、いくら頭の中で綿密な計画を立てていても、それが頭の中で行われている限り、始めたことにはなりません。**どんな小さなことでもいいから、〝行動〟を起こしたときに、「始まった」と判断します。**

たとえば、あなたが「中国語を勉強しよう」と思ったとしましょう。

「どこの教室に通えばいいかな」

「それとも、NHKの講座を聴くのがいいか」

「そもそも、もう中国語は時代遅れだろうか」

などと、頭の中でいくら考えていても、それは始めたことにはなりません。

一方、具体的に情報収集を行ったなら、始めたと言えるでしょう。

たとえば、グーグルの検索ボックスに「中国語」と打ち込んだ瞬間に、あなたは始めています。なにか参考書はないかと、書店に足を運んだ瞬間に、あなたは始めています。

「ダイエットしなくちゃ」とため息ばかりついているうちは「始められないダメな人」でも、体重計を購入するという行動が起こせれば、立派に始めています。

自分では意識もしないような小さなことでも、なにかしら行動したなら始めているのです。

そう考えると、「自分はなにも始められない」と嘆いている人の多くは、案外もう始めているのに、それに気づいていないだけなのかもしれません。

もし、あなたがすでにほんの小さな行動を起こしているなら、始めていることに気づいてください。そして、**「あ、できている」と大いに自信を持ってください。**

「心の時代」のセルフマネジメント

二〇一一年三月一一日に起きた東日本大震災以降、日本人のマインドに大きな変化が生まれたと言われています。

高度成長期やバブル時代はもちろんのこと、それに続く「失われた二〇年」においても、多くの人が追い求める主題は「お金」でした。お金があればなんでもできて、ほかの人よりも幸せになれるという考えが、我々日本人を支配していました。

その証拠に、書店には「年収一億円になる」とか「大成功する」といったタイトルのビジネス書が溢《あふ》れていました。

しかし、今は「お金がたくさんあれば幸せになれるというものではない」ということに誰もが気づき始めています。**幸せに生きるために本当に重要なのは、心身の健康や、周囲の人々との温かいコミュニケーション**なのだと気づき始めています。

そうした状況にあって、人々の関心が、物質的なものから自分の肉体や心、そして周りの人との絆へと向かっていくことは明らかです。

いつまでも若々しく健康でありたい。

人に好かれる自分でいたい。

魅力的な自分でいるための教養を身につけたい。

心豊かに過ごすための趣味が欲しい。

これまでは、他者との競争に勝つため、他者よりも多くを持つために注いでいたエネルギーを、**「自分の充実」**のために使うようになっていきます。

つまり、これからの時代は、視野を広く持ち、さまざまなことにチャレンジできる人こそ楽しく充実した人生を送ることができるのです。

あなたが「うらやましいな」と思う人がいるでしょう。

好きなことをいろいろしていてうらやましい。才能に溢れていてうらやましい。いろんなところに旅をしていてうらやましい。人脈が多くてうらやましい。

当然ながら、これらの人にも、みんな「最初」があります。

いろいろやってみたから好きなことが見つかったわけだし、他人からは才能に見えることも、本人にとったら「やってみなくちゃ、わからなかった」ことだし、旅は「行く」と決めたら行けるものだし、人に会うためにいろんなところに顔を出すことにしたからこそ人脈は築けたのだし……。**誰だって、ある日突然、「恵まれた人」になっているわけがない**のです。

あなたがうらやましく思う人も、その人にしたら、最初は不安だったでしょうし、できるとは思っていなかったかもしれません。それでも、まず第一歩を踏み出した、ということでは、やらずにうらやましがっている人の上を行っているのです。

どんなことであっても、始める前からダメだと決めつけてはいけません。始めたのに頓挫《とんざ》したら負けだ、などとマイナスに捉える必要もありません。**フットワーク軽く、いろいろ始めていくスタンスが、あなたの人生をとても豊かにしてくれる**でしょう。

第二章

「始めること」が難しい理由

なぜ、始めることって難しいのでしょうか？　その原因が理解できれば、次の行動が取りやすくなりますね。

そこで、ここでは、第一章でお話ししたこともおさらいしながら、始めることが難しい理由を整理していきます。

自由に始めていいのに、その権利を使わない人たち

サハラマラソンに参加して、私は、改めて日本という国の素晴らしさを実感しました。電気・ガス・水道といったライフラインは完璧。電車も時刻通りにやってくる。コンビニがあちこちにあって、飲み物も食料もいつでも買える。街路樹が整備され、緑が豊か。食事に砂が入っていない。

「食事に砂が入っていないなんて当たり前だ」

こう反論されるかもしれませんが、地球レベルで考えれば、それはちっとも当たり前ではありません。

今日も砂だらけの食事をしている人はいるし、そんな食事すら摂れないで飢えている人もいます。シャワーなんて一生使うことなく死んでいく人も、地球上にはたくさんいます。

日本のような状況こそ、レアケースなのです。

こんなに恵まれた日本に生まれておきながら、「やりたいことがあるのにできない」などと言うのは、よほど平和ボケしているに違いありません。**私たちは、やりたいことはできるのです。始めさえすれば。**

今、ビジネスパーソンを中心に、全国的なランニングブームが起きています。東京なら皇居周辺や代々木公園など、出勤前や会社帰りに走る人が大勢います。

彼らがランニングを始めるために気にしておかなければならないのは、自分の健康状態と、一般歩行者にぶつからないようにすることくらい。都心なら深夜に走っても安全だし、喉が渇けば一〇分以内にコンビニか自販機を見つけることができるでしょう。

しかし、暗くなってから一人で走れる街なんて、先進国にもそうそうありません。それどころか、出歩くためには猛獣に喰われないように細心の注意を払わなければならない場所だって、地球上には山ほどあります。

日本ほど、やりたいことを自由にできる国はありません。

あなたが、なんでも始められる状況にありながらそれができないでいるとしたら、その理由はなんなのでしょう。

本章では、人が「始める」ことを阻害する要因について考えてみましょう。

もしかして「やり方がわからない」?

行動科学マネジメントでは、人が良い結果を出せない理由は二つしかないと考えています。

1　やり方がわからない
2　やり方はわかっていても続け方がわからない

どんなことであっても、これら二つの理由さえ払拭《ふっしょく》してあげれば、誰でも良い結果が出せるというのが、行動科学マネジメントの理論です。

仕事で「あいつはダメだ」という評価を下されている人は、本当にダメなのではなく、仕事のやり方がわからないか、やり方はわかっても続けられないかのどちらかです。だから、その方法を教えてあげればいいのです。

「仕事のやり方がわからないなんて、そんな基本的なことを言っている場合なのか?」
「そんな人間を、会社は育てなければならないのか?」

私の指摘に、多くのマネジャーや経営者は嘆息するのですが、取引先での挨拶一つだって、「明確に教えてもらわなければわからない」のです。

あなただって、そうでしょう。今は当たり前にできていることも、どこかで誰かに正しく教えてもらったからできるようになったはずです。

ある出版社の編集者は、一人の後輩に対していつももどかしさを感じていました。その後輩は、せっかく通った企画をいつまで経っても動かそうとしません。

企画立案能力はあり、編集長からGOサインを次々もらっておきながら、そこでストップしてしまうのです。

「どうして動かさないの？」

聞いてみると、どうやら著者へのアポの取り方がわからないようです。

編集者が著者へアポを取る方法など限られていて、電話をかけるかメールを出すか手紙を書くかくらいしかありません。まず、電話一本かければいいことなのに、そのかけ方がわからないようなのです。

仕事以外でも、やり方がわからないせいで始められないことは、結構あります。

私の知人の女性は、「オペラ鑑賞」を始めようと思い立ちました。若い頃は、そうしたものとは無縁だったけれど、ある程度の年齢になった今、教養として身につけておきたいと考えたようです。

ところが、実際に始めようとすると、「なにをどうしていいかわからない」状態になってしまいました。

「オペラって、どんな演目から観たらいいんだろうか」

「そもそも、どんな演目があるんだろうか」

あまりにも素養がなかったために、そこで立ち止まることになりました。

あなたが、なにかを始めようとしていて、なかなか一歩が踏み出せないとき、もしかしたら「始め方がわからない」だけなのかもしれません。

始め方がわからないという、とても基本的な壁にぶつかっているなら、むしろ安心してOKです。だって、誰かにそれを教えてもらうだけでいいのですから。

「続けなくては」と思うと始められない

行動科学マネジメントが考える、「人が結果を出せない二つの理由」をもう一度確認してください。

1　やり方がわからない

2　やり方はわかっていても続け方がわからない

ここでは、このうちの「2」について取り上げてみます。

たとえば、仕事場における良い挨拶について考えてみましょう。そのやり方を教えてもらって理解しても、続けることができなければ、「挨拶一つできないやつ」という評価を下されます。**いくら良い行動の取り方がわかったとしても、それを継続できなくては、良い結果にはつながらない**のです。

だから、なにかを始めるということは、それを続けることが前提になっています。

あなたが、勉強やダイエットやスポーツなどを始めようとしているとき、三日坊主で終わらせたいとは思っていませんよね。良い結果が得られるまで継続することを前提として取り組むはずです。

「始める」と「続ける」がセットになるのが、理想なのです。そして、ここに、良くも悪くも大きなポイントがあります。

始めたからには続けられればベストですが、それに縛られると、「始める」ことそのものが困難になります。

ある三〇代の男性は、友人から指摘されたことを気にしていました。

「そんなに仕事ばかりしていて、なにか趣味はないのかよ」

友人は軽い気持ちで言ったのでしょうが、彼にはぐさりと刺さりました。

「もしかしたら、自分はつまらない人間で、だから彼女もできないんじゃないか……」

例の「認知のゆがみ」も加わって、居ても立ってても居られない気分になりました。

そこで彼は思いきって、テニススクールに入ってみました。日曜日の午前中なら必ず行けるし、女性会員も大勢いそうだったからです。

でも、独特の社交的雰囲気になじめず数回通ってやめてしまいました。

その後もいろいろな趣味のサークルなどに属してみたものの、ほとんどが三日坊主。そのうち、なにかを始めるのが怖くなってきたようです。

「これ以上いろいろやっても、どうせやめてしまう自分がいるのかと思うと弱気になってしまうんです」

彼は、「続けられない自分」を責めていました。

しかし、ここは発想の転換が必要です。彼が始めたことはどれも、本当に彼がやりたいものではなかったということです。それがわかっただけでも、いろいろ手を出した価値があります。「続けられなくて良かった。やりたくないことがわかったから」ということで

◆最初から「続ける」ことを意識するな

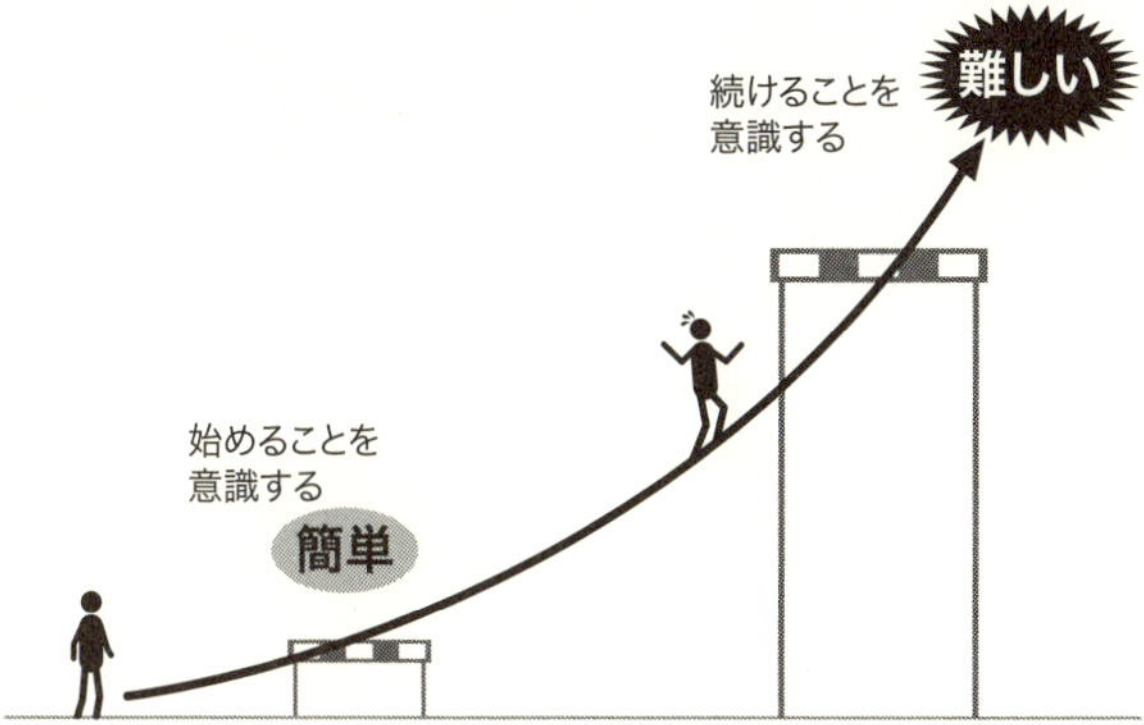

す。
それに、彼があれこれチャレンジして、そのたびにやめてみたところで、誰にも迷惑はかからないし、誰に非難されるものでもありません。
もちろん続けることが目標ですが、だからと言って「やめる」ことを避けなくていいのです。嫌だったらやめる。そして次のことを始める。
「始める」ことよりも「続ける」ことを意識すると、自らハードルを高くしてしまいます。

「認知のゆがみ」という足かせにとらわれている

あなたが始めたいと思っていることは、決して特別なことではないはずです。
たとえ、それが司法試験を受けるための勉強であっても、です。試験は難しくたって、勉強を始めること自体が難しいわけではありません。

それなのに、なぜ、始めることを「難しい」と感じるのでしょうか。

しかも、**時間もお金も自分の自由に使えるはずの大人が、「新しいことを始めるのは難しい」と感じるのはなぜなのでしょう。**

その、大きな理由に、「認知のゆがみ」が挙げられます。

前章47ページで述べたように、人間の頭の中には、一日に七万回も、目の前の出来事とは関係のないいろいろな言葉が流れています。意識しているいないにかかわらず、あなたの頭の中では、絶えず、なにかのマインドトークがなされています。

恋人と過ごしているときも、本を読んでいるときも、食事をしているときも、そのこととは全然、関係のない言葉が頭の中を行き来しているものなのです。

そして、これらの余計な言葉は、たいていがネガティブなものであり、あなたの心をざわつかせます。

「もう年末かよ、なんか焦るな」

「企画書、早くつくらないとまずいな」

「再検査の結果、心配だな」

「今朝の駅員、感じ悪かったな」

「あーあ、きっとノルマ果たせないよな」

こうしてあれこれ考えているうちに、そのゆがんだ認知と現実の区別がつかなくなってしまい、すっかり悪い方向に結論づけてしまいます。

「私には大したことはできない」

「やってみたところで、きっとろくな結果にはならない」

「失敗したら、みんなにバカにされる」

どれもこれも勝手な妄想にすぎないのに、現実のように感じられて、気づけば動けなくなってしまっているのです。

子どもの頃は、浴びているマインドトークの数が少ないから、やりたいことには迷うことなく手を出すことができました。ところが、**大人になると、「ゆがんだ認知」が格段に増えているために、最初の一歩が踏み出せなくなる**のです。

マイナス思考は、無理やりでもプラス思考にしていくほうが成功する、ということがよくわかる事象ですね。

自分にとって本当のメリット・デメリットが見えていない

「必要に迫られれば、なんでもできる」

よく言われることです。

「とてもできない」と思っていたようなことでも、やることによるメリットや、やらないことによる**デメリットが大きければ、人間はやる**のです。

近年、オーストラリア人が多く訪れるようになった北海道や長野のスキー場では、高齢者の方でも英語を話す人が多くいます。カタコトかもしれませんが、話せなくては、飲食店やお土産屋の従業員が務まらないからです。

少しでも英語を話してコミュニケーションを取れば、売上げにつながります。恥ずかしがってなにもしなければ、お客さんは離れていきます。こうした、メリット・デメリットがはっきりしているから、理屈より先に英語が口をつくようになるのです。そこに、英語の**勉強を始めるための決意とか準備とか、大げさなものを持ち込む余裕はありません。**

一方、大学を出たビジネスパーソンが、「これからの時代、中国語も話せたほうが有利だろうな」程度の**漠然とした理由で勉強に取り組もうとしても、なかなかスタートが切れません。**目の前の強い必要性に迫られていないからです。よくよく見てみれば、そのビジネスパーソンは、大して中国語の勉強を始めたいとは思っていないのです。

あなたが、「やらなきゃいけないことがある」のに**「始められない」と苦しんでいるなら、きっと、それをやるメリットを心底から感じられないでいる**のでしょう。

「最低でも英語くらい話せないと」

「同僚が朝活しているらしいので自分も……」

「もっと本を読まないとまずいかしら」

いろいろ考えていたとしても、**自分の本心に耳を傾けないとメリットは見えてきません。**

世間の常識などに照らし合わせていないで、なにが強い動機になりうるのか、自分と相談してみましょう。

ハードルの設定が高すぎる人ほど、挫折をする

なにかを始めるということを、「一からまったく新しいことをする」と捉える必要はありません。これまでやってきたことの延長線上にあることで充分です。

また、「始めたと実感できるようなことをする」と考える必要もありません。始めたのか始めていないのかわからないくらいの微妙なものでもいいのです。

なにかを始めようとしては失敗する人は、そもそものハードル設定が高すぎるのです。

私がサハラマラソンを完走できたのは、最初のハードル設定をうんと低くしていたからです。

「週に二回、三〇分ずつ歩く」という低いハードルだったから、私は難なく跳び越えることができました。しかも、「歩く」ことはそれまでの生活でもしていたから、難しいことはなにもありませんでした。

そして、そのハードルを少しずつ少しずつ高くしていったことで、いつの間にかサハラマラソンというハードルも跳ぶことができたのです。

もし、「三〇分歩くなんて、そんな悠長なこと言ってられない」とばかり、最初から一時間走ろうとしていたら、そのハードルを跳べずに挫折したはずです。

なにかを始めるに当たって張り切る気持ちはわかりますが、無理をすることは明らかに逆効果です。

ダイエットを始めるときは、たいていの人が無理をします。早く結果が欲しいのでしょう。しかし、食べることが大好きで、これまで同僚の二倍近く食べていた人が、突然ランチを抜こうとしたら、その反動がどこかで出ます。おそらく、夕飯をドカ食いすることになるでしょう。

それよりも、毎朝必ず体重計に乗るようにするとか、駅でだけはエスカレーターではなく階段を使うといった、**「これまでも日常生活でやったことがあること」から始めるのが正解**です。

年頭に立てた「今年の目標」が、ほとんどなされることなく年末を迎えるのは、目指す内容が大きすぎるからです。

「大きなことばかり掲げてちっとも始められない人」よりも、「すごく小さなことを確実に始めている人」のほうが、ずっと素晴らしい結果を手にすることになります。

ごく低いハードルに挑んでみて、クリアできたら少しずつハードルを高くしていきましょう。

環境があなたの目的を阻害していたら、始められない

「ハードルも充分に低くしたし、やる気マンマンなのに上手く始められない」

こんなときは、あなたを取り巻く環境を見直す必要がありそうです。

第一章で紹介した、資格試験に挑戦中の女性を思い出してください。早く起きて勉強し

ようと思っているのに、ベッドがあるから二度寝をしてしまった彼女。自宅からカフェへと環境を変えただけで勉強習慣を身につけることができました。

環境は、とても重要な要素なのです。

ある三〇代の主婦は、年々増加していく体重をどうにかしようと考えていました。美容上の理由もあるけれど、なにより健康のために。というのも、市の健康診断ではじめて「血糖値が高め」と指摘されたのです。

まだ、三〇代。小学校に通う育ち盛りの子どもが三人います。少なくとも、これから二〇年間は大病知らずで過ごしたいところです。

彼女は、運動か減食か、どちらの手法を選ぶか大いに迷いました。そして、子どもの頃から運動とは無縁だったので、減食のほうが自分には向いていると判断しました。

「減食したほうが食費も減らせるしね」

しかし、減食しやすい環境が整っているかというと、そうではありませんでした。というのも、育ち盛りの三人の子どものために、どうしてもこってりと食べ応えのある食事を用意することになります。しかも大量につくって、子どもたちが残した分は「もったいない」と自分が食べてしまうことが多いのです。

このように、家庭には、それを大事に思うがゆえの「足を引っ張る環境」が存在しがちです。

結婚したばかりの二〇代後半の商社マンは、海外勤務に備えて本格的に英語の勉強を始めようと思っていました。七時には出勤しているので、早朝の勉強は無理。そこで、帰宅してから三〇分でいいから英単語を覚えようと計画しました。

しかし、実際には、帰宅すれば奥さんが嬉しそうに話しかけてくるし、美味しそうな食事がお酒とともに用意されているしで、一向に勉強は始まりません。やはり環境が邪魔しているのです。

「そんなの、いくらでもなんとかできるだろう。本人が甘すぎる！」

と突っ込んだあなた。「始められないのは意志の問題ではない」ことを思い出してください。**ほんの小さな誘惑でも、そちらに流れてしまうのが人間**なのです。

アルコール依存症から脱却するには、専門の施設に入り、まったくお酒のないところで過ごす時間が必要です。施設を出てからは、自宅にお酒を置かないことはもちろん、お酒を出す店にも近寄らないようにしなければなりません。

それは、アルコール依存症の人の意志が弱いからというよりも、**環境が整わなければ人**

間は望ましい行動が取れないからです。

あなたの置かれている環境は、あなたの「始める」を応援してくれる状況ですか？

今一度、客観的に見直してみましょう。

「ライバル行動」が多くて始められない

行動科学マネジメントでは、「ライバル行動」の存在も重視しています。**ライバル行動とは、あなたが始めようとしていることを邪魔する行動のこと**です。それを上手に封じ込めないと、なかなか思うようにいきません。

夫と子どもを送り出したあとの時間を使ってスポーツクラブへ通うことを決心した四〇代の主婦は、「テレビを見る」というライバル行動に足を引っ張られました。

入会したスポーツクラブでは、「モーニング限定会員」というお得なコースを選びました。その規定では、午前一一時までにはスポーツクラブを出なければいけません。

「家族を送り出してから、八時過ぎに家を出ればちょうどいいわ」

八時半にはエアロビクスのクラスに参加して、軽く筋トレもして、シャワーを浴びても余裕で一一時には出られるはずでした。

ところが、つい、テレビの朝のワイドショーに見入ってしまい、気づけば「間に合わない！」となっているのです。

ワイドショーは、見ているそのときは面白いけれど、あとから考えればどうでもいいことばかり。そのため、一〇時くらいになると強い後悔に襲われることになりました。

「あーあ、また見ちゃった。これじゃあ、会費ももったいないな」

自己評価も下げてしまう、とてもまずいケースです。

ライバル行動の多くは、すぐに楽しい結果を与えてくれます。それは、本来やりたいこと、たとえば勉強とか運動とかダイエットといった行動と違い、その場で即感じる楽しいものです。そのため、なかなか手強い相手となるのです。

とくに、**今のような情報化時代は、自分から求めなくてもライバル行動がどんどん入り込んできます。**なんとなくテレビをつけていれば、勝手に流れる番組やコマーシャルを見てしまう結果となるでしょう。

さらに問題なのが、インターネットです。

パソコンでメールをチェックしていて、貼り付けられたサイトアドレスをクリックしたのをきっかけに、そのまま長時間ネットサーフィンしてしまった、という経験があなたにもあるでしょう。

スマホに電話がかかってきたから出て、そのままなんとなくアプリを操作してしまうというのもよくあることです。

気づけば、ツイッター、LINE、フェイスブックを覗いたりコメントしたり。だらだらと費やしてしまうムダな時間がどれだけあるか、一度記録をとってほしいくらいです。

昔は、「つい、好きなマンガを読んでしまう」といったアナログなライバル行動がほとんどでした。そんなときには、マンガを手の届くところに置かないようにすれば済みました。でも、今の時代は気づかぬうちにライバル行動が幅をきかせ、あなたの「始める」を邪魔しているのです。


「次の機会に」というときの「次」は永遠にやってこない

始める前に「できない理由」を探してしまう人がいます。

時間がない、お金がない、経験がない……。

あれこれ理屈をつけては、新しいことから逃げようとします。

おそらく、心の深いところで、失敗を恐れているのでしょう。これまでやってきたことなら難なくこなせるけれど、新しいことはそうではないはずだと。

しかし、その新しいことは、失敗したところで、おそらくあなたの命を脅かすようなものではないですよね。名誉を損なうわけでもないでしょう。そもそも「始めた」だけで、あなたの生活を脅かすほど大きな変化をもたらすものではないはず。つまり、**始めることによって失うものなど、一つもありません。**

一方、始めてみてそれが失敗しないでできたなら、新たに多くのものを得ることになります。いや、失敗したとしても、「経験」を得ることになります。その経験は、始めてみなければ得られなかったものです。

だから、どう考えたって、**「始めてみなければ損」**なのです。

私は走るのが趣味で、走ることによって得るものが大きいと感じているため、従業員や友人など、周囲の人たちを「一緒に走ろう」と積極的に誘っています。

もちろん、走ってみて「合わない」のであればやめればいいし、「楽しい」と感じたら続けてもらえばいいと思っています。強制するつもりはまったくありません。

この誘いに対しての反応は、実にさまざまです。

「ふーん、なるほど。じゃあ、来週の日曜日ご一緒してみようかな。途中で抜けるかもしれませんけど」

とくに大げさに考えることもなく参加してくる人もいます。

「石田さんと一緒じゃ緊張するけれど、走ること自体はやってみようかな。まずは一人で挑戦するので、どんなシューズがいいか教えてくださいよ」

こんな人とは、いずれ一緒に走る機会が持てるかもしれません。

一方で、あれこれできない理由を探す人もいます。

「日曜日ですか……。日曜は家族サービスしなければなりませんし」

「体力に自信がないのでご迷惑かけちゃいますよ」

「ウェアとか全然持っていませんし」

できない理由を探す人は、たいてい「次の機会に」と言うのですが、その「次」は永遠にやってきません。そのときはまた、できない理由を探すからです。

もちろん、やりたくないことに誘われたなら、それでいいでしょう。でも、心のどこかに「本当は、自分にとってやってみる価値があるんだろうな」という思いがあるなら、やらないのは損です。

なにかを始めるときに強いモチベーションとなってくれるのは、「やるメリット」と

「やらないデメリット」です。「やるデメリット」を探すクセとは、さよならしたほうがいいでしょう。

第三章 行動科学マネジメントで「始める」を考える

さて、最初に申し上げたように、私の専門は、行動科学マネジメントです。行動科学マネジメントの視点で見直すと、いろんなことの実現が、容易かつ確実になっていきます。そこで、本章では、行動科学マネジメントとはどういうものかを説明しながら、改めて、「始める」ための具体的なアドバイスをまとめていきましょう。

行動科学マネジメントとはなにか

「行動科学マネジメント」は、アメリカの心理学者バラス・スキナーが唱えた「行動分析学」をベースにしています。

気分や態度といったことに影響される精神的メソッドではなく、人間の行動原理に立脚した科学的マネジメント手法です。

すべての結果は行動の集積である（良い結果は良い行動の集積であり、悪い結果は悪い行動の集積である）と考え、目に見える行動のみを信頼します。

行動だけに着目しているため、性格などの個体差に関係なく、いつ、どこで、誰がやっても同様の結果が得られ、再現性の高いメソッドとなります。

アメリカでは実際に、名立たる企業六〇〇社以上が導入し、実績を上げています。

具体的には、人の行動を徹底的に観察し、計測し、分解していきます。それによって得られた「望ましい行動」を繰り返すことで、誰でも良い結果を導き出すことができるのです。

その過程では、チェックリスト、ポイントカード、累積グラフなど、さまざまなツールを科学的に用います。

しかし、行動科学マネジメントの「科学的」とは、「非人間的」な冷たいものではありません。あくまで、生身の人間の行動に着目することで、「人はなぜ、それをやるのか」を解明し、信頼できるエビデンスを打ち立てます。

価値観の多様化が進む現代にあって、唯一正しく機能するマネジメント手法と言えるでしょう。

良い結果を出せるかどうかに、「意志」は関係ない

なにか新しいことを始めようと思ったら、自分の「意志」に頼らないほうが上手くいきます。いくら、**「やる気」や「根性」を喚起してもダメ。大事なのは「科学」に基づいた行動を起こすこと**です。行動科学マネジメントでは、「やる気」はモチベーションになら

ないと説いています。

セルフマネジメントでも、部下の指導でも、子どもの教育でも、あらゆることにおいて、人は基本的に良い結果を出したいと思って行動しています。しかし、実際には、それが**できる人とできない人**がいます。

同じ会費を払ってスポーツクラブに入っても、定期的にトレーニングを続け健康体を維持できる人と、幽霊会員になってしまう人がいます。

同じ商品の営業活動に行かせても、順調に契約を取ってくる部下と、断られてばかりの部下がいます。

こうした違いはどこにあるのかを考えるとき、多くの人が「態度」や「性格」といったことに、その理由を求めます。

「おれは飽きっぽいから続かないんだよね」

「あいつは営業をやるには押しが弱すぎるんだ」

なんとなく、わかるようなわからないような……。

人事考課などの大事な場面でさえ、部下の態度や性格を持ち出す上司がいて、極めて曖昧模糊《もこ》とした判断がまかり通っています。

しかし、行動科学マネジメントでは、それをしません。なぜなら、「あらゆる結果は行動の集積である」と考えるからです。つまり、**その人自身ではなく、良くも悪くもその人の「行動」が結果を導いている**のです。

仕事でミスをしたり、人と揉めたりしたとき、それは、その人の態度や性格に問題があるのではなく、その人が取った行動に問題があります。だから、態度や性格について責めるのではなく、行動を直してもらえばいいのです。

第二章で繰り返し述べてきたように、「人が結果を出せない理由」は以下のどちらかしかありません。

1　やり方がわからない

2　やり方はわかっていても続け方がわからない

良い結果が出せない人は、「態度」に原因があるわけでも、ましてや「性格」に原因があるわけでもなくて、「良い結果につながる行動」が継続的に取れていないだけなのです。

だから、良い結果につながる行動と、その継続法を具体的に教えることで、誰でも同じように良い結果が出せるようになります。

誰でも同じように良い結果が出せる。この「**再現性の高さ**」こそ、**行動科学マネジメン**

トの非常に秀でたところです。企業において行動科学マネジメントを導入すれば、一部の優秀な人間に頼ることなく、八割の人たちの底上げが図れるのです。

もちろん、「新しくなにかを始める」という局面においても同様です。

行動科学マネジメントの手法を用いれば、あなたがどういうタイプの人であっても関係なく良い結果が出せます。せっかちであってものんびり屋であっても、飽きっぽくても辛抱強くても、どんなあなたであっても、上手に物事を始めることが可能になります。

やりたいことを実現するために必要なことを、いくつかの行動に分解する

「**あらゆる結果は行動の集積である**」という行動科学マネジメントの基本概念に従えば、つまるところ人生は「行動するしかない」のです。

あなたの毎日も、同僚の毎日も、ビル・ゲイツの毎日も、オバマ大統領の毎日も、同じように行動の集積です。ただ、その行動がどんなものかによって、人生のあり方も変わってきます。

慣れ親しんだ行動だけを繰り返すのか、悪い結果につながる行動を取ってしまうのか、はたまた、良い結果を生み出す行動を新たに取り始めるのか……。**大事なのは、頭の中で**

あれこれ考えることではなく、小さな「行動」だということがわかるでしょう。

行動科学マネジメントでは、徹底的に「行動分解」します。**小さな行動に分解すればするほど、誰でもその行動が取りやすくなる**からです。

「始める」ということも、実は小さな行動の集積です。大きく「始めよう」とするのではなく、小さな行動に分解するほど始めやすくなります。

たとえば、「マラソンを始めよう」と考えたとき、あなたが取る最初の行動はなんでしょう?

まさか、いきなり「マラソン大会に出場すること」ではありませんよね。

　書店で専門書を買ってくる。

　スポーツ用品店に行ってみる。

　誰か経験者を探して話を聞く。

　グーグルで情報を集める。

まずは、こうした小さな行動を取るはずです。そして、そうした小さな行動が取れたとき、すでにあなたは始めていますから、あとはどんどん必要な行動を積み重ねていけばいいわけです。

それができずに、**頭の中だけで「やろうか、やるまいか」とグルグル考えてしまうのは、始めたいことを小さな行動に分解できていないから**です。

第二章で登場してもらった「通った企画を動かせない編集者」を思い出してください。彼が企画を動かし始めるために必要なのは、「著者に電話をかける」という、たった一つの行動です。

そして、その行動も、さらに細かく分解することができます。

受話器を持ち上げる。

電話番号をプッシュする。

相手が出たら名前を名乗る。

「今お電話よろしいでしょうか」と尋ねる。

企画内容を伝える。

「一度お会いできませんでしょうか」とお願いする。

……などなど、おそらく三〇くらいの行動に分解できるでしょう。

それら一つひとつを眺めてみると、実に簡単な行動ばかり。なのに、「面識のない著者と交渉しなくちゃ」などと漠然と捉えているから始められないわけです（さらには、そこに「認知のゆがみ」で、上手くいかないかもしれないとマイナス思考に陥ってしまうことも影響しているのでしょうね）。

「始める」とは、大げさなスタートを切ることではなく、小さな行動を起こすこと。いくら頭で壮大な計画を練っていても始まりません。

不安になるくらい「小さな一歩」でいい

私がサハラマラソンを完走できたのは、「週に二回、三〇分ずつ歩く」という「小さな一歩」からスタートしたおかげだと、何度も述べてきました。

行動科学マネジメントでは、何事につけ、「小さな一歩」を重視します。上司が部下に仕事を教えるときにも、とても小さなことから始めます。徹底的に行動分解して、「言われなくてもできる」程度の簡単なことから始めてもらいます。

たとえば、顧客訪問するときの身だしなみについて。

「明日は顧客訪問するんだから、きちんとして来いよ」

などという曖昧な指示は認めません。「きちんとする」ということがどういうことなのか部下にはわからないからです。

◆チェックリストがなければ正しくできない

身だしなみを整える		
清潔感に注意する	不快感を与えないようにする	服装の乱れを正す
☑ワイシャツの袖口は汚れていないか	☑口臭はしないか	☑スーツのポケットが膨らんでいないか
☑ツメに汚れが入っていないか	☑ヒゲのそり残しはないか	☑ネクタイの結び目は緩んでいないか
☑ネクタイにシミはついていないか	☑寝癖はないか	☑靴は磨けているか
☑シャツはアイロンがかけられているか	☑目のクマは出ていないか	☑ボタンは取れていないか
☑スーツの臭いは大丈夫か	☑歯はきれいに磨けているか	☑シャツの裾はちゃんと入っているか
⋮	⋮	⋮

・ワイシャツの袖口は汚れていないか
・ネクタイの結び目は緩んでいないか
・ヒゲのそり残しはないか
・スーツのポケットが膨らんでいないか
・靴は磨けているか
・ツメに汚れが入っていないか
・口臭はしないか

こうした小さなチェック項目を、チェックリストとともに提示してこそ、部下は正しく身だしなみを整えることができます。

「もう大人なんだから、自分で判断しろ」
「まかせるから、しっかりやれよ」

などと言うのは一見かっこいいのですが、いきなりそれをやっては部下のためになりません。

本当に部下に大きな成果を上げさせたいなら、

◆「小さな一歩」の積み重ねこそ最も確実

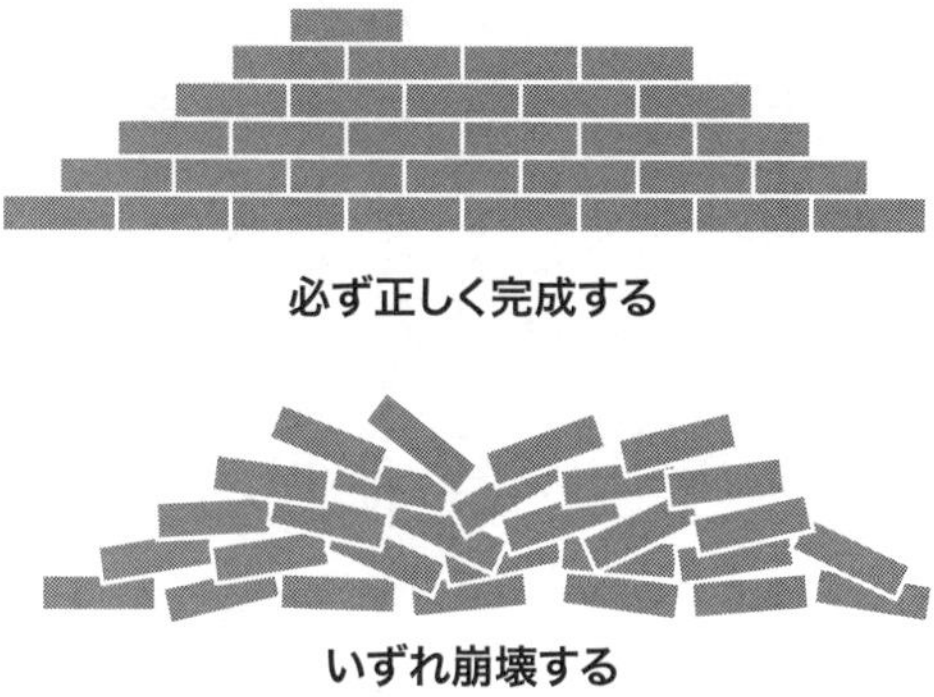

そこにたどり着く小さなステップを確実に踏ませてあげるのが上司の仕事なのです。

大きな仕事は「勘」や「根性」で成し遂げるのではなく、「小さな行動」の積み重ねで完成します。「一〇〇万個のレンガを積み重ねる」という気の遠くなるような作業があったとしても、一つずつ正しく積み重ねていけば、その大仕事はいずれ完成します。けれど、勘や根性で適当にまとめて積んでいったら途中で瓦解します。せっかく八割方まで積み終わったところで崩れてしまうかもしれません。

「ウサギとカメ」のたとえ話にもあるように、大事なのは「小さな一歩」であり「大きく引き離すスタート」ではありません。

あるスポーツクラブのインストラクターから、

興味深い話を聞いたことがあります。

新規入会した会員に、それぞれの年齢や体調や目標に沿った「運動メニュー」を作成して提示すると、張り切って始めた会員ほど脱落しやすいというのです。

彼らは、提示されたメニューよりも多めに運動して、やがて疲れてしまうか、飽きてしまう。それよりも、メニューを勝手にカットしてしまうくらいの**怠け会員のほうが長続きする**傾向にあるのだそうです。

「小さな一歩」が踏み出せる人は、二歩目も三歩目も小さくできるけれど、一歩目が大きくないと気が済まない人は、やがて必ずオーバーワークになります。

だから、なにかを始めようというときには、「こんなことでいいの？」と不安になるくらいの「小さな一歩」でいい。むしろ、そのほうがいいのだと思ってください。

できないことをやらせても、人は育たない

子どもの学校教育においても、ビジネスの人材育成においても、間違った手法があちこちで取られています。それは、「できないことを実感させる」というものです。誤解のないよう補足しますと、「できないこと」と「できること」を自分で区別することができる

ようになるのは、大切なことです。ここでは、「自分はできないやつなんだ」というダメなレッテルを認めさせることを言っています。

算数のテストで五〇点しか取れない子どもは、出された問題の半分は解けていないわけです。だったら、まずはもっとやさしい問題を出して、一〇〇点を取らせることが先決です。そうすることで、解ける問題については確実に理解できるようになるし、自信がついて、よりレベルの高い問題に挑めるようになります。

ところが、実際の教育の現場では、五〇点しか取れない子どもにさらに難しいテストをやらせ、三〇点を取らせるのです。

難しい問題を考えさせることで、子どもの能力が伸びるという判断なのかもしれませんが、子どもにとっては「これもあれもわからない」という思いが募るだけです。

子どもに対して、「おまえは理解できていないことがたくさんあるのだ」と伝えれば、やる気を喚起するどころか、自信を失い、勉強そのものが嫌いになります。

同じことがビジネスの場でも行われます。

入社したての社員にいきなり飛び込み営業に行かせたり、怒っている顧客のクレーム対応をさせたり……。そして、上手くいかずに落ち込んでいる新人に言うのです。

「おまえたちはまだまだだな」

そしてさらに難しい課題を与える。教育係としては、それによって新人に火がつき、「なにくそ！」と頑張ることを期待しているのでしょう。しかし、行動科学マネジメントにおいてはまったく逆効果です。そんなことをしたら、潰れる新人が多いでしょう。まれに、そこからふんばって成功する人もいるので、この古い日本的な考えが正されることがないのでしょうが……。

営業で契約を取るのも、クレームを解決するのも、やる気や根性ではなく行動です。その**行動を具体的に伝え、パターン学習させることこそ必須**なのですが、実際にはそれがなされていません。

このように私たち日本人は、学校でも会社でも「自分にはできない」という刷り込みをされています。「小さな一歩」を踏み出すときに、「できないかも」というネガティブな思いが頭をよぎるのは、こうした刷り込みによるところも大きいのです。

「できないかも」より「できそうだ」

ただの平地で走り幅跳びしたら三メートル先まで跳べる人でも、高いビルの屋上から二メートル先のビルの屋上に跳び移ろうとしたら身がすくんで動けなくなります。「落ちるかも」と思うからです。

なにかを始めるときに、**「できないかも」と思ってしまうのは非常に損**なことです。実際にできるかできないかはやってみなければわかりません。でも、やってみるそのスタートにおいて腰が引けていては、**本当ならできることでも失敗してしまう**でしょう。

だから、どんなことに対しても「できそうだ」という気持ちで臨むに限ります。

この、「できそうだ」という気持ちのことを、心理学の専門用語で**「自己効力感＝セルフエフィカシー」**といいます。

あなたが**なにかを始めるに当たっては、自己効力感をいかに高められるかが大きなポイントになります。**

私自身、一か月先の締め切りが「守れそうにない」と感じることもある一方で、三日間で終わらせなければならないハードな仕事でも、根拠はないけれど「できそうだ」と感じることがあります。

そして、「できそうだ」と感じたことは本当にできるため、次の大きな自信を生み出してくれます。

世の中には、妙に余裕を感じさせる人間が存在します。多くの人がビビってしまうような案件でも、「自分ならできる」と言わんばかりの人たちです。

しかし、よく見ていくと、そうした人の中には二つのタイプがあることがわかります。

ただ大風呂敷を広げているだけのタイプ。

本当にやり遂げてしまうタイプ。

前者はいわゆる「はったり」で、後者は「自己効力感」の高い人。スポーツ選手も二つのタイプがいて、本番で良い成績を残せるのは、自己効力感の高い人です。

自己効力感を持てれば、気分良く始められる。

気分良く始めれば良い結果につながり、さらに自己効力感を高められる。

このプラスのスパイラルをつくり出せたら、もう怖いものなしです。ぐだぐだ悩むことなく、どんどん新しい挑戦をしていけるようになります。

自己効力感を高める4つの法則

では、あなたが自己効力感を持つために、具体的になにが必要なのでしょうか。

自己効力感が生まれる理由として、専門的には以下の４つが挙げられます。

1　自己の成功経験
2　代理的経験
3　言語的説得
4　生理的状態

「自己の成功経験」とは、まさに「やったらできた」という経験です。過去に同じようなことをやってできた経験を持っていれば、「今度もできそう」と感じられます。ということは、**普段からいかに成功体験を積むかが大事で、そのためにも小さなことから始めたほうがいい**のです。

フルマラソンを走りたい人でも、いきなりそれをやらずに「一キロ走れた！」「二キロ走れた！」という確実な成功体験を積めば、自己効力感は高く維持できます。

「代理的経験」とは、自分でなくても他人がやってできた様子を見ることです。とくに、**自分と同じ程度だと思っている人がやってできたことなら、「自分もできそう」と感じられます。**

だから、普段からあまり立派な人ばかりでなく、内心「大したことないな」と思えるような人に着目してみることも重要なのです。

「言語的説得」とは、誰かから**「あなたならできる」と言ってもらうこと。**親や先生や上司などが言った何気ない一言で、大きな自信を持てることがあります。

私は、ある教育雑誌で長く対談連載を持っていますが、対談相手として登場する成功者の多くが、同じようなことを言います。

「子どもの頃に、好きな先生から言われた一言で勇気づけられ、今の道を選んだ」

先生にしてみれば、それほど深い意味を持って言ったのではないかもしれません。おそらく、言ったことすら覚えていないでしょう。それでも、本人がそれを力にできればいいのです。

「生理的状態」とは、気持ちのいい状況が得られていること。つまり、それをやることで達成感を得たときなど、自己効力感は高まり、どんなことでもやろうという気持ちになっていきます。

だからこそ、**どんなことでも面白がって始めるというのが大事**なのです。「なにかを始めること自体が面白い」と思えたら、なんだってできます。

「ポジティブシンキング」は逆効果

ただし、自己効力感について勘違いしないでほしいことがあります。それは、**「自己効力感というのは、ポジティブシンキングではない」**ということです。

一時期、大いにもてはやされたポジティブシンキングは、もはや古くさい過去のもの。今はむしろ、マイナス効果しかもたらさないと判断されています。

では、あなたが新しいことを始めようというときに、ポジティブシンキングはどうマイナスになるのでしょうか。

前述したように、私たち人間は、頭の中に流れているよけいな言葉のために、事実とは違った認知をしています。

たとえば、仕事でミスをしてしまったとき。ミスをしたことは事実だし、そのときは上司に叱られるでしょう。でも、そこで、

「私はミスばっかりでダメな人間だ」

「ほかの人は、私みたいにミスなどしないのに……」

「上司は私を嫌いになったに違いない」

などと思い込んでしまうのは妄想であり、事実ではありません。こうしたゆがんだ認知を、心理学の専門用語で「非適応的認知」と呼びます。

一方、物事を事実に即して判断するのが**「適応的認知」**です。

「私はミスをすることもあるけれど、上手くできることもある」

「上手くやっているように見えて、ほかの人だってミスはするはずだ」

「このことだけで上司に嫌われるというのは大げさだ」

事実は、このようなことだと思いませんか？

大事なのは、こうした事実に即した対応なのですが、そのためには**客観性が求められます。**

ところが、**ポジティブシンキングは、ひたすら前向きに考える試みであり、そこに客観性はありません。**自分のキャパシティを無視して無理な目標設定をしては失敗し、心が折れる結果になります。そして、「私はダメだ」とますます認知をゆがめてしまうのです。

ポジティブシンキングを捨てて、適応的認知ができたら、始めるのは簡単です。

「始めてみて、上手くいくこともいかないこともあるだろう」

「やってみてダメだって、それですべてが決まるわけではない」

「途中でやめても、誰もそのことで自分を悪く評価したりしない」

こうした事実を見つめておけば、心配することなどなにもないのですから。

背伸びした「ストレッチ目標」は捨て、半分の力でできることを続ける

客観性のないポジティブシンキングは、あなたに間違った目標設定をさせます。よく言われる「ストレッチ目標」がそれです。

ストレッチ目標とは、「これくらいできそうだ」と自分で考えるレベルの、さらに二割増しくらいの目標のこと。ストレッチという名前の通り、手足をぐーっと限界まで伸ばして届くか届かないかというところに目標を置こうという考えです。

しかし、これまで述べてきたように、**大事なのは「できそうだ」という自己効力感**です。それを超えるストレッチ目標は、「できないかも」というマイナスイメージをあなたに植え付けることになります。

だから、**行動科学マネジメントでは、ストレッチ目標はNG**なのです。

ストレッチ目標信者は、こう考えるようです。

「ストレッチ目標を設定して、次々とそれをクリアしていけば、どんどん成長していけるはずだ」

しかし、実際にはそんなことは無理です。最初の一つか二つはなんとかクリアできても、

◆ストレッチ目標ではなく半分の力で

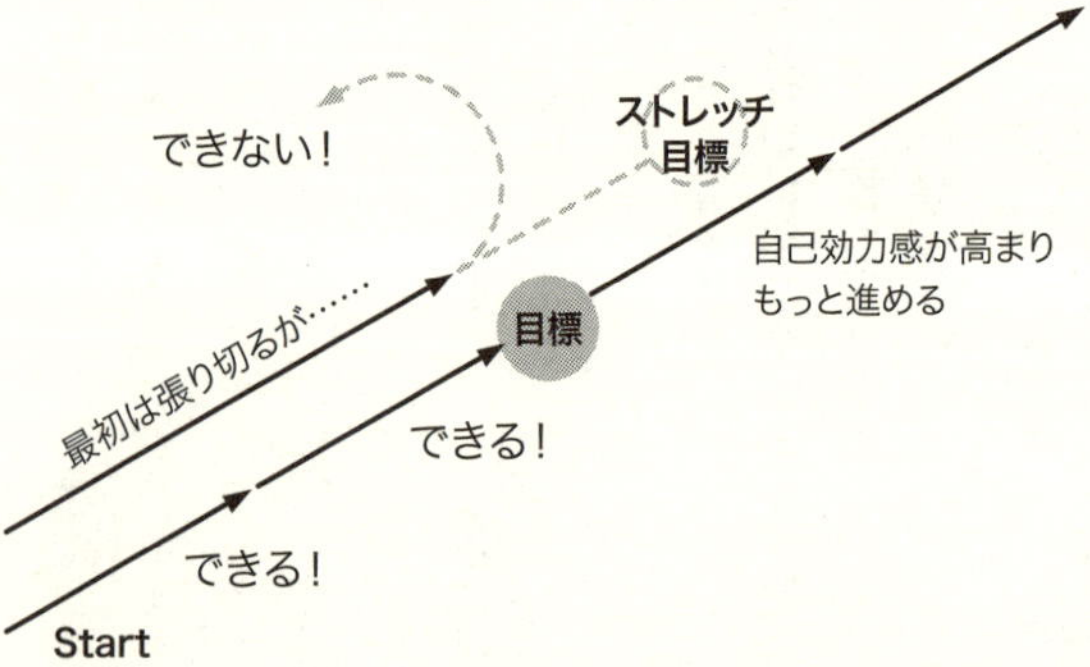

やがて「できないこと」ばかりになって、自信喪失してしまいます。

ストレッチ目標とは、自己に対してとても前向きなようでいて、自分を潰す方向に進んでいるだけです。

それになにより、そんなやり方は楽しいでしょうか？

そもそも、なんのための目標設定なのでしょう？　自分の人生を充実させるためですよね？

先日、あるスポーツクラブのプールで異様な光景を見かけました。ひどく息を切らせ、フォームもかなり乱れていながら、一時間近くがむしゃらに泳ぎ続ける若い女性がいたのです。まるで自らに苦行でも課したかのようで、いつかプツンと糸が切れてしまわないか心配になりました。

一方、「あー気持ちいい」と言いながら、ゆっくりと水の中を歩いている人もいます。その人は、一五分も歩くとジャグジーに移り、すっかりリラックスしていました。

ごくごく短期的には、前者のほうが良い結果を手にしているかもしれません。しかし、長い目で見れば、後者のやり方が絶対におすすめです。

二割増しのストレッチ目標ではなく、半分くらいの力でできることを確実にやっていきましょう。

「始める」ためには、その後らくらく「続けられる」工夫を

行動科学マネジメントで考える、人が結果を出せない二つの理由をもう一度おさらいしてみましょう。

1　やり方がわからない
2　やり方はわかっていても続け方がわからない

前述したように、**行動科学マネジメントで結果を出そうとするときに、「始める」と「続ける」はセット**になっています。

ただ、「始める」のと「続ける」のでは、その難しさにちょっと違いがあります。始めることはできても、続けることがなかなかできないために、はなから始めることを投げ出してしまう人も多くいます。

これまで繰り返し述べてきたように、「始めてみたけど続かなかった」というのは、ちっとも悪いことではありません。ただ、「これはどうしても続けたいんだ」という強い思いのもと始めるのであれば、続けるための工夫をしておくことも必要でしょう。

行動科学マネジメントでは、良い結果につながる行動を継続させるために、たくさんの手法を用意しています。

チェックリストを用いて、その行動を取るたびにボックスにチェックを入れるというのも一法です。頭で考えているだけだと「まあ、今回はいいや」となってしまうところを、チェックを書き込めば「今回もやった」と達成感を持って確認できるからです。

あるいは、**自分へのご褒美を用意するという手**もあります。「一週間継続できたら、買いたかったシャツを買おう」などと決めておけば、楽しく継続できるでしょう。

行動科学マネジメントが継続のための工夫をいろいろ凝らすのは、「習慣化」したいからです。**何事も、習慣化するところまで持っていってしまえば、継続することは苦しくも**

なんともなくなります。

いわゆる「クセ」と呼ばれるものも含めて、私たちはいろいろな習慣を持っています。悪い習慣も良い習慣もありますが、いずれもオギャーと生まれた赤ちゃんのときにはなかったものです。

繰り返していたから習慣になっただけ。逆に言えば、これからどんなことでも習慣にすることができるわけです。

あなたが「始めよう」と思っていることも、もちろん同様です。「続けることができそうもないから」と及び腰になる必要は、まったくありません。

人がそれを始める理由、続ける理由がわかると、いろいろ見えてくる

さて、「始める」にしても「続ける」にしても、人が動くからにはそれなりの理由があります。

たとえば、あなたが朝ご飯を食べる理由はなんでしょうか？

「朝ご飯を食べたほうが健康に良さそうだから」かもしれないし、「朝目が覚めたらお腹ペコペコだから」かもしれません。おそらく、後者のほうが強い動機になるでしょう。

このように、**人が一つの「行動」を起こすには理由があり、それを行動科学マネジメントでは「先行条件」と呼びます。**

そして、行動には必ず「結果」がともないます。

朝ご飯を食べたなら「お腹がいっぱいになった」という結果も出るし、「健康が維持された」という結果も出るかもしれません。この結果は、翌日の朝ご飯を食べる動機、つまり先行条件ともなります。

まず最初に「先行条件」があって、「行動」が起こされ「結果」が出ます。そして、その結果が、次の行動を促す強い先行条件となります。つまり「続ける」力となります。

A＝Antecedent（先行条件）

B＝Behavior（行動）

C＝Consequence（結果）

この概念を、行動科学マネジメントでは「ABCモデル」と呼んでいます。

わかりやすい例として、私はよく「メガネ」の話を持ち出して説明します。

あなたはメガネをかけているでしょうか？

かけているとしたら、なぜかけているのですか？

「それは、目が悪いからですよ」

多くの人はこう答えますが、今もメガネをかけている本当の理由は、「メガネをかけたらよく見えるから」ではありませんか？

もし、メガネをかけたのによく見えなかったとしたら、そんなわずらわしいものは外すはずですよね？

つまり、「目が悪い」という先行条件により、「メガネをかける」という行動を取ってみたら、「よく見えた」というプラスの結果が得られた。そのために、あなたは毎日「メガネをかける」という行動を継続しているのです。

では、「おしゃれのためにメガネを外したい」という先行条件があって、「コンタクトレンズを装着する」という行動を取ったらどうでしょう。

「おしゃれの幅が広がるだけでなくメガネよりよく見えた」というプラスの結果が得られたら、あなたは毎日「コンタクトレンズを装着する」という行動を継続します。でも、「目がごろごろしてつらい」というマイナスの結果が出たら、使うのをやめてしまうことでしょう。

このように、**人がある行動を起こす原動力となるのは、先行条件よりもむしろ、行動に**

◆ABCモデルとは

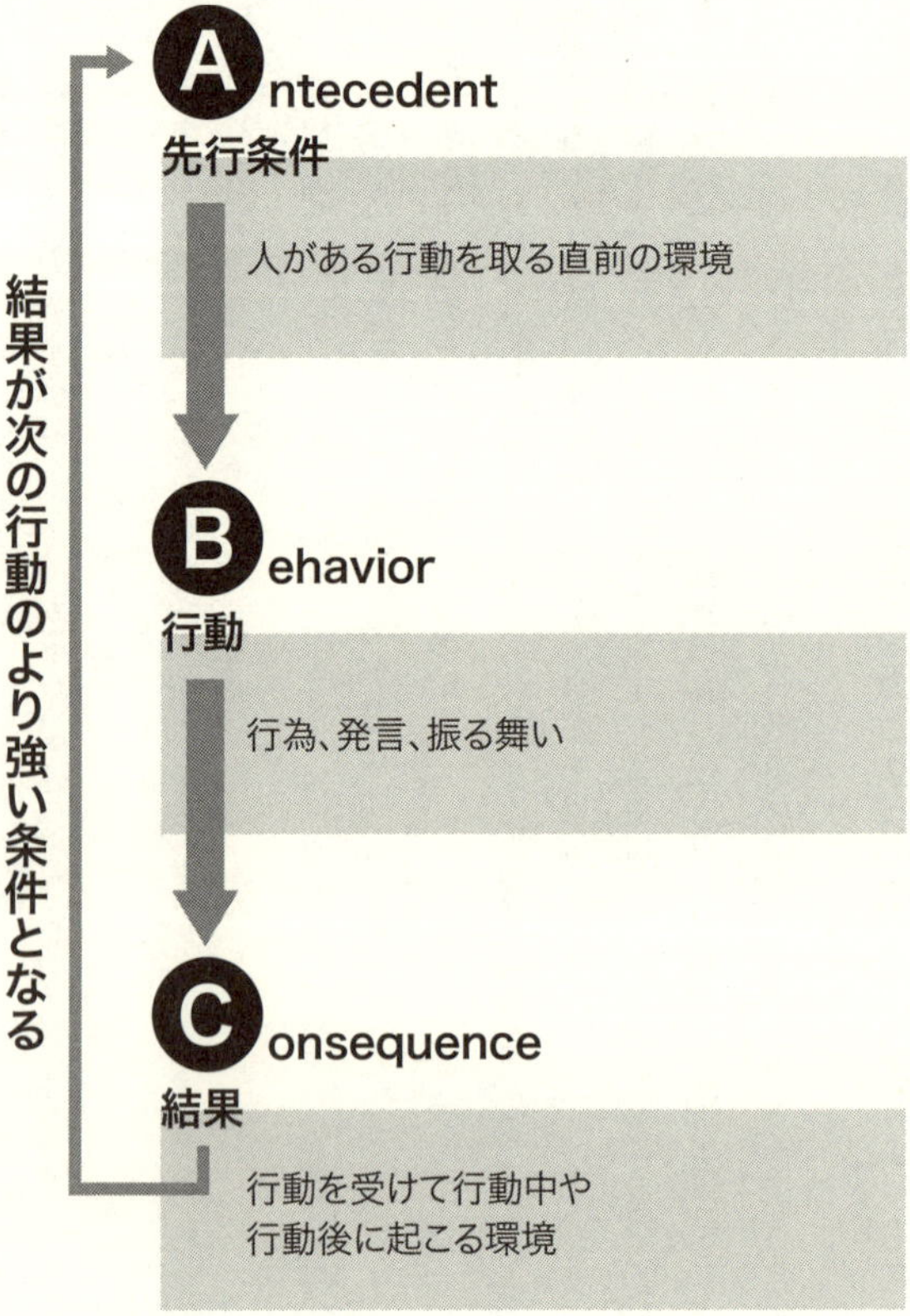
Antecedent
先行条件
人がある行動を取る直前の環境
Behavior
行動
行為、発言、振る舞い
Consequence
結果
行動を受けて行動中や
行動後に起こる環境
結果が次の行動のより強い条件となる

よって**得られるプラスの結果**なのだということを覚えておいてください。

プラスの結果が得られたら繰り返したくなる。では、マイナスの結果が出たら？

「始めたからには続けたい」と考えている人にとって、「ABCモデル」における「プラスの結果・マイナスの結果」という概念はとても重要なことなので、もう少し詳しく見ていきましょう。

一人暮らしの独身男性T氏が、とても不健康な生活を送っていて、健康診断で注意を受けたとしましょう。

「血液検査の数値が心配です。今は若いからなんとかなっているけれど、このままじゃ働き盛りで倒れるかもしれませんよ」

医師の言葉にショックを受けて、なにか「身体にいいこと」を始めたいと思ったT氏。運動をするのは面倒なので、せめて「朝食抜き」を改善することにしました。

本当だったら、「玄米に納豆におひたし」といった理想的な朝ご飯を食べたいところですが、そんなの時間的にも絶対無理。そこで、毎朝三分くらいでできそうなこととして、新鮮な野菜をジューサーにかけて飲もうと考えたのです。

さて、T氏にとって「最初の一歩」は、インターネットでジューサーについて調べることでした。この段階で、T氏はすでに「始めて」います。そして、ユーザーの評価も高く扱いも簡単そうなジューサーをネット購入しました。

ジューサーが届いた翌日、T氏はニンジンやホウレンソウなど身体に良さそうな野菜をジューサーにかけて飲んでみました。

このときの先行条件（A＝Antecedent）は、「健康診断で注意された」「健康を損ないたくないと思った」でした。

行動（B＝Behavior）は、「ネットでジューサーを調べる」「実際にジュースをつくって飲んでみる」というものです。

そして結果（C＝Consequence）は、「まずい！」でした。

残念……。まずいというマイナスの結果を得たT氏の、「実際にジュースをつくって飲んでみる」という行動は、その後二回繰り返されただけで終わってしまいました。

ある行動によってプラスの結果が得られたなら、それが再び行動を起こすための先行条件になっていきますが、マイナスの結果だと、人は行動を繰り返そうとしなくなります。

では、T氏が、計画においてプラスの結果を得られる可能性はなかったのでしょうか？

◆T氏のABCモデルとは

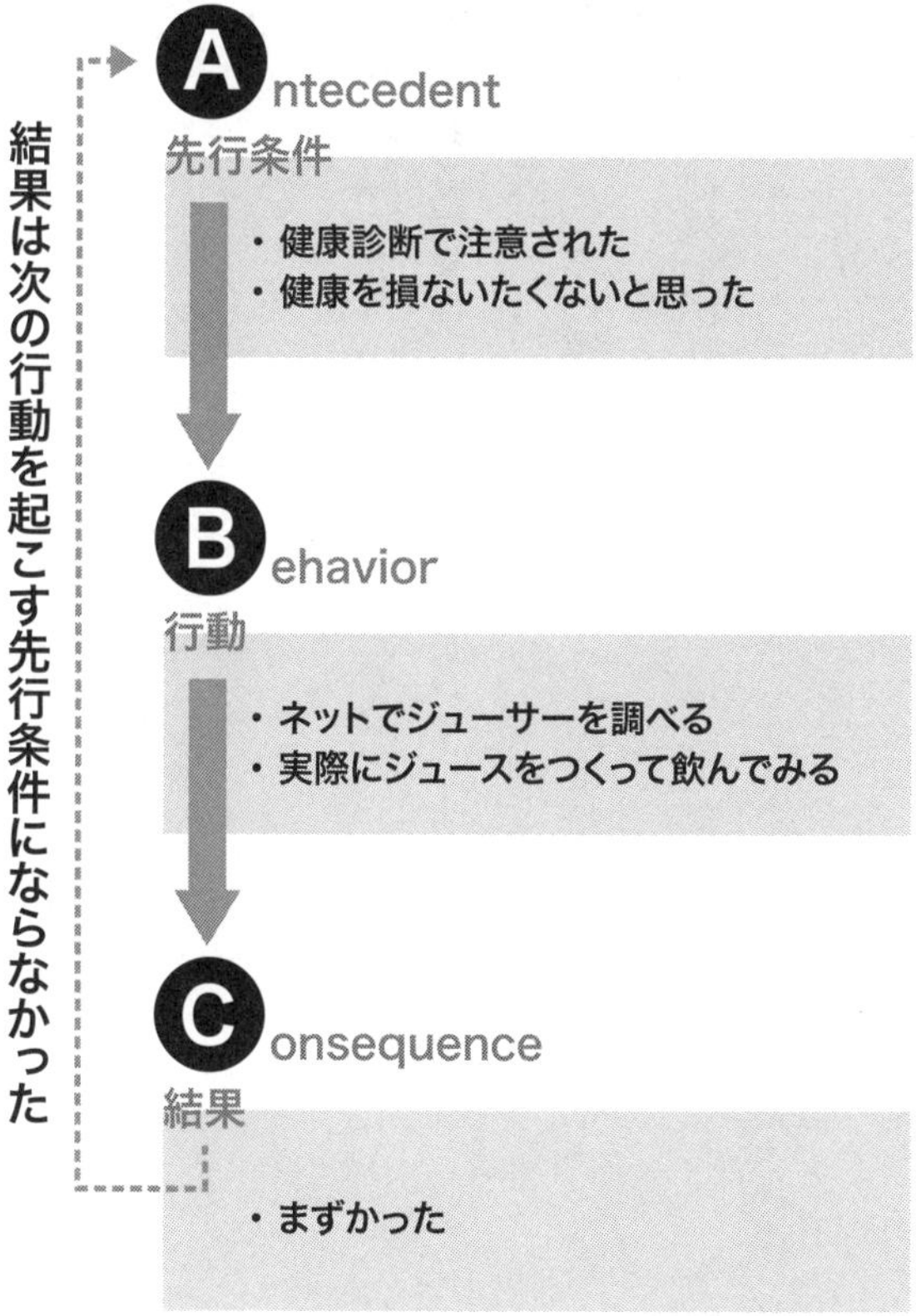
Antecedent
先行条件
・健康診断で注意された
・健康を損ないたくないと思った
Behavior
行動
・ネットでジューサーを調べる
・実際にジュースをつくって飲んでみる
Consequence
結果
・まずかった
結果は次の行動を起こす先行条件にならなかった

そんなことはありません。T氏がもう少し料理上手ならば「美味しい！」も導き出せたはずです。

それになにより、「健康になる」という素晴らしいプラスの結果も得られるはずです。でも、それはあまりにも先のことなので、目先の「まずい！」に負けてしまった、というわけです。

得られる「結果」には、いろんな種類がある

「あとで得られる結果は、目先の結果に負けてしまう」

これも、「始めたことが続かない」大きな理由になります。

今度は、ダイエットに挑戦しては挫折を繰り返す、女性会社員のSさんに登場してもらいましょう。

Sさんは、とにかく甘いもの好き。とくにケーキには目がありません。会社でのストレスフルな時間を過ごしたご褒美に、夕食後にケーキを食べるのが最大の楽しみです。でも、ケーキを食べ過ぎたら太るのはわかっています。

実際にケーキのせいで体重は増え続け、スマートな同僚と同じ制服を着ていると、自分

の「ぽっちゃり」がどんどん目立つようになって嫌になります。脚が長くてもともとのスタイルは悪くないSさんですから、やせたらかなりイケルという自覚があります。だから、やせたいのです。ケーキを食べるのをやめたいのです。

このときの、Sさんの先行条件（A＝Antecedent）は、「やせたい」「かっこ良く制服を着こなしたい」というものです。

行動（B＝Behavior）としては、「ケーキを食べる」ではなくて、「ケーキを食べる代わりにノーカロリーのガムを噛む」などにしたいわけです。

では、それらの行動の結果（C＝Consequence）はどうなるでしょうか？

「ケーキを食べる」の場合

①「美味しい！」と満足する

②「また食べちゃった」と後悔する

③　体重が増える

「ケーキを食べる代わりにノーカロリーのガムを噛む」の場合

④「美味しくないし物足りない」と感じる

⑤「なんとか我慢できた」とほっとする

⑥　体重が減る

などが考えられます。

これらを見ていると、人の行動によって得られる結果には、いくつかの種類があることがわかってきます。

たとえば、①や④は**すぐに得られる**けれど、②や⑤は**少ししてから**、さらに③や⑥は**かなりあとから得られる**結果です。また、①⑤⑥は**ポジティブ**で、②③④は**ネガティブ**な結果です。

こうした**結果の種類に着目**すると、さらに面白いことがわかってきます。

ポジティブだけど時間がかかる不確実な「結果」では、人は動かない

行動科学マネジメントでは、人の「行動」で得られる「結果」について、「ＰＳＴ分析」と呼ぶ三つの座標軸で分類しています。

・タイプ　「Ｐ＝ポジティブ」か「Ｎ＝ネガティブ」か
・タイミング　「Ｓ＝すぐ」か「Ａ＝あと」か
・可能性　「Ｔ＝確か」か「Ｆ＝不確実」か

すべての結果は、この三つの座標軸の組み合わせ。つまり、次の八種類の結果が存在することになります。

(1)「ポジティブ」で「すぐ」で「確か」な結果
(2)「ポジティブ」で「すぐ」で「不確実」な結果
(3)「ポジティブ」で「あと」で「確か」な結果
(4)「ポジティブ」で「あと」で「不確実」な結果
(5)「ネガティブ」で「すぐ」で「確か」な結果
(6)「ネガティブ」で「すぐ」で「不確実」な結果
(7)「ネガティブ」で「あと」で「確か」な結果
(8)「ネガティブ」で「あと」で「不確実」な結果

このうち、**人に行動を繰り返させるのに、最も効果的な組み合わせは(1)**です。「ポジティブな結果が、すぐに&確かに得られる」と知っていれば、人は積極的にその行動を取るようになります。

とくに**「タイミング」は重要ファクター**で、「あと」から得られる結果よりも**「すぐ」に得られる結果**に、人の行動は左右されます。

◆結果の分類

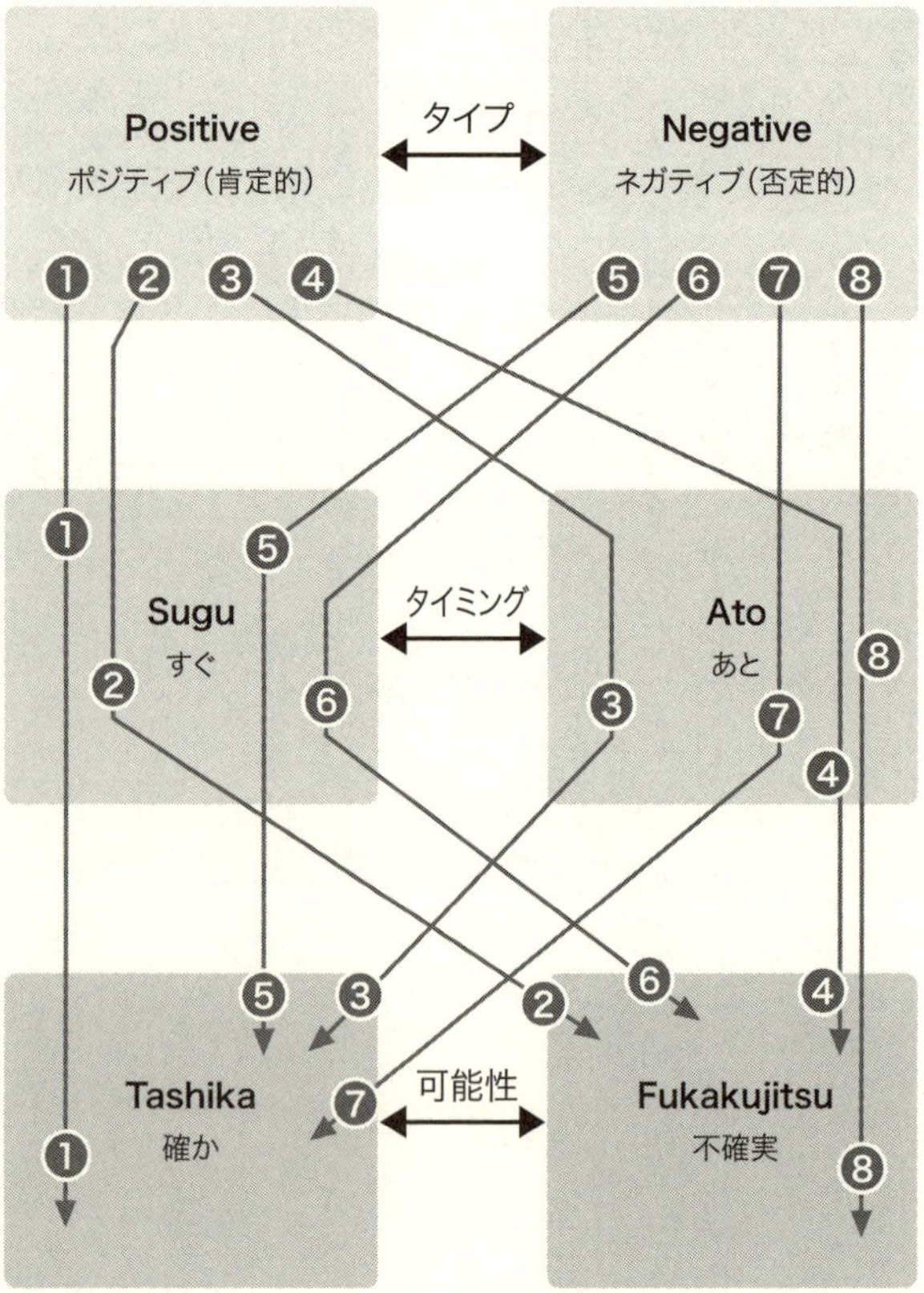
Positive
ポジティブ（肯定的）
タイプ
Negative
ネガティブ（否定的）
Sugu
すぐ
タイミング
Ato
あと
Tashika
確か
可能性
Fukakujitsu
不確実

先ほどの例を振り返ってみましょう。

「ケーキを食べる」の場合
①「美味しい！」と満足する↓（1）「ポジティブ」で「すぐ」で「確か」
②「また食べちゃった」と後悔する↓（7）「ネガティブ」で「あと」で「確か」
③体重が増える↓（8）「ネガティブ」で「あと」で「不確実」
「ケーキを食べる代わりにノーカロリーのガムを噛む」の場合
④「美味しくないし物足りない」と感じる↓（5）「ネガティブ」で「すぐ」で「確か」
⑤「なんとか我慢できた」とほっとする↓（3）「ポジティブ」で「あと」で「確か」
⑥体重が減る↓（4）「ポジティブ」で「あと」で「不確実」
Sさんにとって、本来最も重視すべきである体重が減るという結果は、「ポジティブ」ではあるけれど、かなり「あと」から表れるものですし「不確実」です。

ところが、「美味しい！」と満足するのは、「ポジティブ」で、しかも「すぐ」で「確か」なことなのです。

だから、Sさんはどうしても「ケーキを食べる」という行動を取ってしまうわけです。

挫折しないための「PST」な結果は、自分でつくれる!?

ここまでで充分に理解できたと思いますが、あなたが「始めた」一つの行動を、「続ける」に持っていくためには、PSTの結果、つまり**「P＝ポジティブ」＆「S＝すぐ」＆「T＝確か」に得られる結果**が効果的に作用します。

この、PSTの結果は自ら用意するということもできます。

それには、始めたことの本来の結果とは別のルートを模索するのも一法です。

勉強にしろ、ダイエットにしろ、**あなたが本当に欲しがっている結果は、「ポジティブ」ではあっても、どうしても「あと」＆「不確実」なものです。だから、途中で挫折しやすいのです。**

そこで、**ちょっと違うご褒美を「すぐ」＆「確か」に自分に与えてあげます。**

ある資格専門学校の講師は、公認会計士を目指して勉強する受講者に対して、「火曜日の午後だけ、ご褒美時間にしろ」と指導しています。

べつに、火曜日の午後でなくてもいいのでしょうが、一週間のうち、半日だけは思いっきり遊ぶことを提案しているのです。

そして、「その火曜日の終わりには、次の火曜日になにをして遊ぶかを決めてしまいなさい」とも言っています。

「公認会計士の資格試験に合格する」という「ポジティブ」な結果は、「あと」からのものだし、あまりにも「不確実」で、受講者のモチベーションがなかなか保てません。

でも、「一週間頑張れば、次の火曜日には必ず○○ができる」というご褒美があれば、勉強を続けることができるわけです。

「一週間先だなんて、全然、すぐではない！」

というなら、その日のうちにご褒美を与えてあげてもいいでしょう。

「今日の朝、三〇分勉強できたら、仕事帰りにいつもより高い缶ビールを買おう」

「思いきってスポーツクラブに入会できたら、その足でかっこいいウェアを揃えよう」

「八時までカフェで参考書を読んで、それから映画を観に行こう」

なんでも結構。あなたがわくわくするようなご褒美を用いて、続ける仕組みをつくってみてください。

人は「金銭」よりも、「達成感・快感」で動く

さて、「ご褒美」と言うと、金銭が生じるものや物質的なものを考えてしまいがちです

が、**私たち人間にとって一番大きなご褒美は「精神的喜び」**です。「嬉しい。やって良かった！」と思えることなら、人は積極的に繰り返していきます。

そこには、**「達成感」**も含まれます。

なにかを始めるときに、いきなり大きなゴールを目指さないで、小さなことから着手したほうがいいのは、達成感を得やすいからでもあります。

最初から「英単語を一〇〇〇個覚える」と決めたら、一〇〇〇個覚えなくては達成感は得られません。それどころか、三〇〇個で投げ出したら「自分はまったくダメだ」という評価になってしまいます。

でも、「五〇個覚えたらすごい」と思って始めれば、五〇個で充分な達成感が得られます。そして、また達成感を得たくて次の五〇個に挑戦できます。それを繰り返しているうちに、一〇〇〇個覚える結果になるでしょう。

しかも、**途中で何回も達成感を得ているために、その人の自己効力感は非常に高くなっています。だから、ほかのどんなことにも挑戦できるのです。**

自己効力感を生み出す四つの要素を思い出してください。

1　自己の成功経験

2　代理的経験
3　言語的説得
4　生理的状態

このうち、「生理的状態」は、力は一番弱いのですが、自分の工夫次第でつくりやすいものでもあります。

私はフルマラソンを走るとき、**自分で小さなゴールをいくつも設定**します。

「あの標識のあるところまでは頑張ってみよう」

「あの角までいけたらすごいな」

四二・一九五キロの中に、その日のコンディションによって二〇個でも三〇個でもゴールをつくり、そこに到達するたびに自分を褒めてやります。

「おお。やった、やった、やった。偉いぞ！」

こうやって達成感を重ねているうちに、本当の大ゴールに到達できます。もちろん、そのときの達成感はより大きく、次の大会へのモチベーションとなります。

普段から自己効力感を高く保てるように、**達成感を得られることや、気持ちいいと感じられることを、積極的に増やしていきましょう。**

◆フルマラソンを走り切る極意

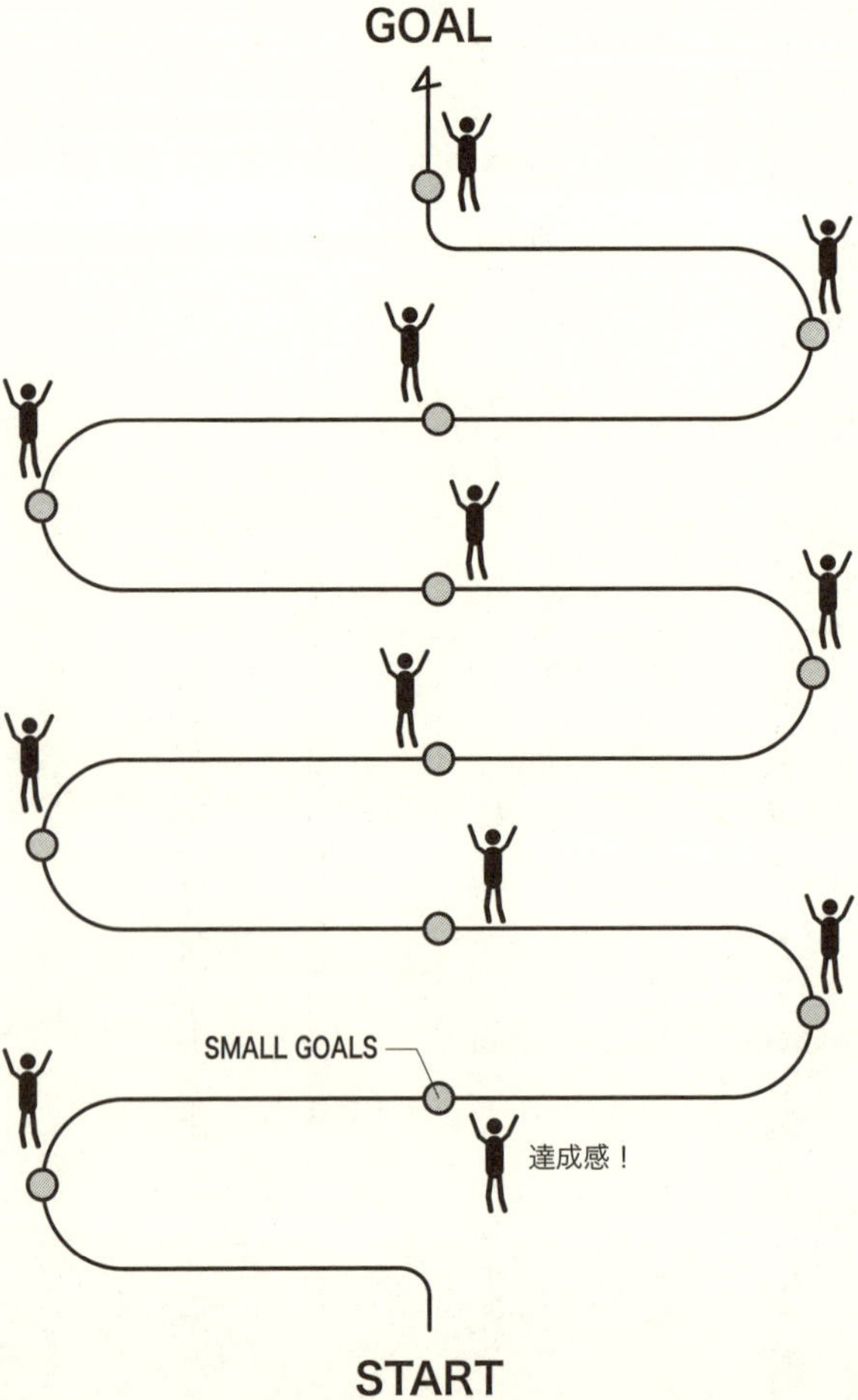

「曖昧さ」を徹底排除しよう

なにかを始めるということは、「小さな行動」を取ることだと述べてきました。

「とにかくダイエットしなくちゃ」

「仕事の勉強を始めないと……」

こんなふうに考えていてもなにも始まらないのは、それが具体的行動に落とし込めていないからです。

部下指導が上手くいかないときなども、そこに具体的行動が欠如しているケースがほとんどです。

「できるだけ早くやっておいてね」

「限界まで頑張ってみろよ」

こんな指示は、行動科学マネジメントでは「最悪」と判断されます。曖昧もいいところだからです。

「できるだけ」って、どのくらいのことなのか。

「早く」って、いつまでのことなのか。

「限界まで」って、どこまでを言うのか。

「頑張る」って、そもそもなにをどうするのか。

まったくわかりません。こんな曖昧な指示で部下が正しく動けると思うほうがどうかしています。

セルフマネジメントも同様です。あなたが、なにかを始めようというときには、**自分に具体的行動で指示を出してあげなくてはなりません。**

では、「具体的行動」とは、どのように規定していけばいいのでしょうか。

行動科学マネジメントにおける「行動」は、次の四つの要素を充たすものと定義されています。

M＝Measured（計測できる）
O＝Observable（観察できる）
R＝Reliable（信頼できる）
S＝Specific（明確化された）

つまり、この中のどれか一つでも欠けたなら、それは行動ではないのです。行動でないのなら、結果にはつながらないというわけです。

行動科学マネジメントでは、この概念を「MORSの法則」と呼んでいます。

「MORSの法則」で明確な行動にする

では、ここで一つ基本的な質問をさせてください。

「あなたが始めようとしていることはなんでしょうか？」

この答えによって、それが上手く始められるかそうでないかが見えてきます。

・ダイエットする
・法律の勉強をする
・部下とのコミュニケーションを図る
・親孝行する
・日記をつける
・婚活する

こんな答えなら、ちょっと雲行きが怪しくなります。

なぜなら、どれもこれも「行動」ではないからです。行動でないのなら、結果にはつながりません。

・ダイエットする↓一日二回、朝晩体重計に乗る
・法律の勉強をする↓六法全書を一日一〇ページ読む
・部下とのコミュニケーションを図る↓一週間に一回はランチをともにする
・親孝行する↓毎月末土曜日に両親を食事に誘う
・日記をつける↓寝る前の一〇分に最低三行は書く
・婚活する↓今月中に婚活パーティーに二つ出席する

というように、**「MORSの法則」を充たすところまで落とし込んだとき、はじめてそれは「行動」となります。**

本当に行動となったとき、「なにをすればいいか」が明確で、ぐっと始めやすくなります。そして、結果につながるのです。

累積グラフを使う

曖昧さを徹底的に排除する行動科学マネジメントでは、物事の評価に「数値化」が欠かせません。

当然のことながらグラフも多用します。しかし、いわゆる**折れ線グラフではなく、累積**

◆成果は足し続けよう

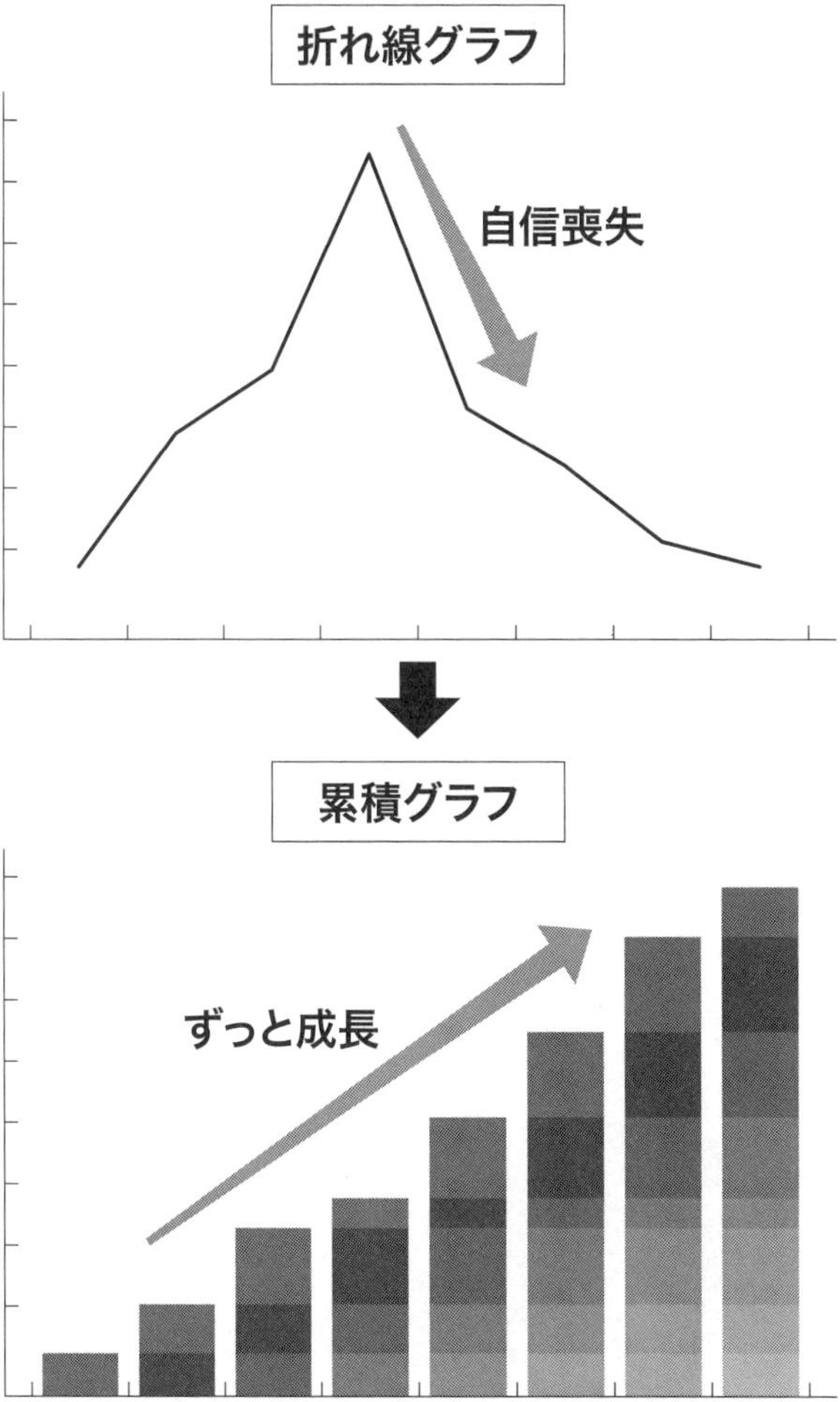
折れ線グラフ
自信喪失
累積グラフ
ずっと成長

グラフを好んで用います。

たとえば、ある営業スタッフの成績が、「先月は七件の契約が取れたけれど、今月は三件だった」としましょう。

そのときに、ただの折れ線グラフなら、「今月は先月よりダメだ」となります。

これだけ経済が冷え込んで、右肩上がりの成長など望めないのですから、前の月より成績が振るわないことがあるのは当然です。にもかかわらず、「今月は先月よりダメだ」という思いは、その営業スタッフに重くのしかかります。まるで、自分がどんどん悪い方向へ向かっているように錯覚してしまうのです。

グラフをつくっている上司は、それで部下が発奮してくれると考えるのでしょう。しかし、結果は逆で、部下を潰すことになっていきます。

でも、行動科学マネジメントで用いる累積グラフなら、そうはなりません。

「先月七件取れたうえに、今月もう三件が加わった」と、グラフは伸びる一方。そこには成長を続ける自分を見つけることができます。言うまでもなく、自己効力感も高く保つことができます。

あなたが始めようとしていることについて、その進捗具合を正しく知ろうと思ったら、数値化は必須です。そのときに、**できる限り累積で評価**していきましょう。

「昨日よりもできなかった」

「ここのところ不調だ」

などとネガティブな感情を増幅させるのではなく、累積グラフを使って全体量が増えていることを評価してください。

もし、累積グラフが一目盛りも伸びていかないというのであれば、それはあなたにまったく向かないのですから、すぱっとやめればいいのです。

チェックリスト活用法

行動科学マネジメントでは、「チェックリスト」をかなりの頻度で活用します。それによって、**さまざまな認知のゆがみや曖昧さが排除される**からです。

これまで何度も述べてきたように、私たち人間は「事実と違う思い込み」でさまざまな判断をしています。それは人間の特性であり、しかたのないことです。

でも、チェックリストがあれば、そういう状況にあっても、自分をより客観的に計測したり、観察することができます。

あなたが始めようとしていることが、本当にあなたに適しているかどうかも客観的に判断できます。

具体例を挙げましょう。

私の知人男性の目下の悩みは、「恋人が資格魔だ」ということです。

仕事に熱心な彼女が、少しでも自分の将来に有利になればと、次から次へと資格を取るのですが、どれ一つ、実際には生かし切れていません。そのため、彼女の焦りは募り、また意味もなく新しい資格に挑戦するということを繰り返しています。

デート中も「勉強しなくちゃ」とイライラしている彼女に、いつの間にやら二人の関係もぎくしゃく。会っていても楽しい気持ちになれないのだとか。

おそらく、この女性は「始める内容」を間違えているのです。

もちろん、間違えること自体は誰にでもあることで、どうということはありません。**問題なのは、間違っているのに続けてしまっていること**です。

フットワーク軽く、いろいろ始めることは素晴らしいことです。向くも向かないも、始めてみないことにはわかりませんから。

しかし、始めたからには自分で答えを出さなければなりません。

すなわち、続けるべきか、やめるべきかという答えを。

前述したように、**人は一度手にしたものを手放したがらない生き物**です。その特性は、上手く作用すれば「良い行動を継続する」ということになります。しかし、**間違ったものを手放さずにいれば、本当に必要なものをつかめません。**

なにかを始めようというとき、あるいは、始めたいことがいくつもあって整理がつかないとき、チェックリストで客観的に自分を見つめてください。

・これを始めるべきだと思う理由は？
・始めるメリットは？
・始めたことによるデメリットは？
・どんな環境が必要か？
・邪魔するライバル行動はなにか？
・行動分解するとどうなる？
・まずはどんな行動を取るべきか？

チェックリストの項目は自由に決めて結構です。

本書の巻末に、チェックリストの例をいくつか載せておきました。それらを参考に、あなたが始めたいことを上手にサポートする「自分流チェックリスト」をつくってみてください。

第四章

「始める」ための17のヒント

始められない理由も、始めるための行動原理も理解できた今、改めて、どうすれば始められるかを最後にまとめます。ここまで述べてきたことを整理し、まとめた章です。「始める」ためのヒントを17に整理しました。

1 頑張らない

逆説的なことを述べるようですが、**良い結果につなげたいなら、「始めるからには頑張ろう」などと意識しないこと**です。

頑張るのが悪いこととは思いませんが、**人間の能力には限界がある**ということをしっかり認識しておきましょう。

私の年代になると、健康診断で異常を指摘されることも増えてきます。それは当たり前のことで、徐々に改善していけばいいのです。

ところが、血糖値が高めだと言われた友人は、ショックが大きかったのか、いきなり過度なダイエットを始めました。

「まだ、予備軍で済んでいるんだって。本格的に糖尿病になったら大変だから、なにがなんでもこの段階で改善してみせる」

その考えには全面的に賛成ですが、頭の中の考えと、具体的方法論は別物です。

彼は、極端に食事量を減らし、一か月に五キロの割合で体重を落としていきました。会うたびにスマートになっていき、三か月後には違う人のように見えました。

ところが、一年以上経ってから会った彼は、以前にも増して太っていたのです。無理をしすぎた反動が出たのでしょう。あるとき、一切れのピザを食べたのをきっかけに、猛烈な食欲が抑えられなくなったそうです。

「まあ、今のところ大丈夫そうだしね……」

これが、頑張りすぎた彼が行き着いた結論です。

血糖値を高いまま放置しておけば、いずれ、失明や人工透析や壊疽《えそ》という非常に「ネガティブ」な結果が表れます。しかし、それは「すぐ」ではありません。だから、再びダイエットに踏み切ることができないようでした。

彼は、一回目のダイエットに失敗したことで、「ダイエットは大変」と思い込んでいます。でも、それは間違いで、彼が頑張りすぎただけなのです。

私たち人間は、基本的に怠け者です。あなたがなにかを始めるときに、**「怠け者であることを変える」**のと、**「怠け者でもできるメニューを考える」**のと、**どちらが現実的か、**

言うまでもありませんよね。

「始めるからには頑張ろう」と思うのは、「始めるからには続けたい」からのはず。だったら、**続ける邪魔になる「頑張り」はしない**に限ります。

2 好きなことを犠牲にしない

私が継続している良い行動の、最たるものが「走ること」です。

最初は「週に二回、三〇分ずつ歩く」ことしかできなかった私が、今では、ほぼ毎日のように走っています。

始めた当時と比べて、走る距離は大きく変化しましたが、そのときから今まで変わらないのが、**「好きなことを犠牲にしない」**というポリシーです。

好きなことを犠牲にしてまでやれば、必ず無理が出て挫折するでしょう。それに、そもそも好きなことを楽しむのが人生だと思っている私にとって、好きなことを犠牲にするという選択肢は最初からありません。

たとえば、お酒。私は一日の終わりに飲むお酒が大好きです。大量には飲みませんが、楽しい仲間とわいわいやったり、一人で静かにグラスを傾ける時間はなにものにも代え難いと思っています。夜はお酒を飲むために使いたいので、走るのはもっぱら朝。飲み会が遅い時間まで押したときには、「明日は走らなくてもいいや」と気楽に構えています。

そういうふうにやってきたから、ここまで続けることができたのです。

もちろん、人の好みはそれぞれ。「朝はゆっくり眠りたい」という人は、その欲求を犠牲にせずに夜に走ればいいでしょう。

今、「朝活」と呼ばれる早朝の勉強会が流行っています。私自身は朝型なので違和感はありませんが、全員が全員それに乗せられることはありません。

「朝風呂にゆっくり入るのが至福の時間」という人が、それを犠牲にして勉強会に出席しても、いずれ嫌になるでしょう。

世間の流行や常識にとらわれないで、本当の自分のニーズを見極めましょう。

自分のライフスタイル最優先でやらなければ、なんのためにそれを始めるのかわからないではありませんか。

3　ハードルを下げる

小学生の頃の「跳び箱」、あなたは得意でしたか？

八段も重ねると、小学生からすればまるで大きな山。怖い感じがして、またがることすらできなかったのではないでしょうか。でも、二段くらいなら楽勝。まずは低いものに挑戦して、「跳べる」を実感しながら一段ずつ増やしていくうちに、結構な高さまでクリアできるようになったでしょう。

今のあなたも同じです。当たり前のことですが、**三メートルのハードルは無理でも、三〇センチのハードルなら跳べます。**

そのシンプルな事実を大切にしてください。

なにかを始めるときには、高いハードルに挑戦して「失敗した」「できない」と自分に刷り込むのではなく、思いっきりハードルを低く設定しましょう。

ダイエットをするときに、「一か月で五キロ落とそう」と目標設定したら、そのハードルは高すぎます。おそらく一か月後には、「できなかった」という否定的な思いだけが残るでしょう。その思いは、あなたの自己効力感を損ない、再びダイエットを始めるのを難しくします。

では、「一か月に五〇〇グラム落とそう」だったらどうでしょう。かなりハードルは低くなりますね。

◆ハードルを低く設定するときほど遠くへ行ける

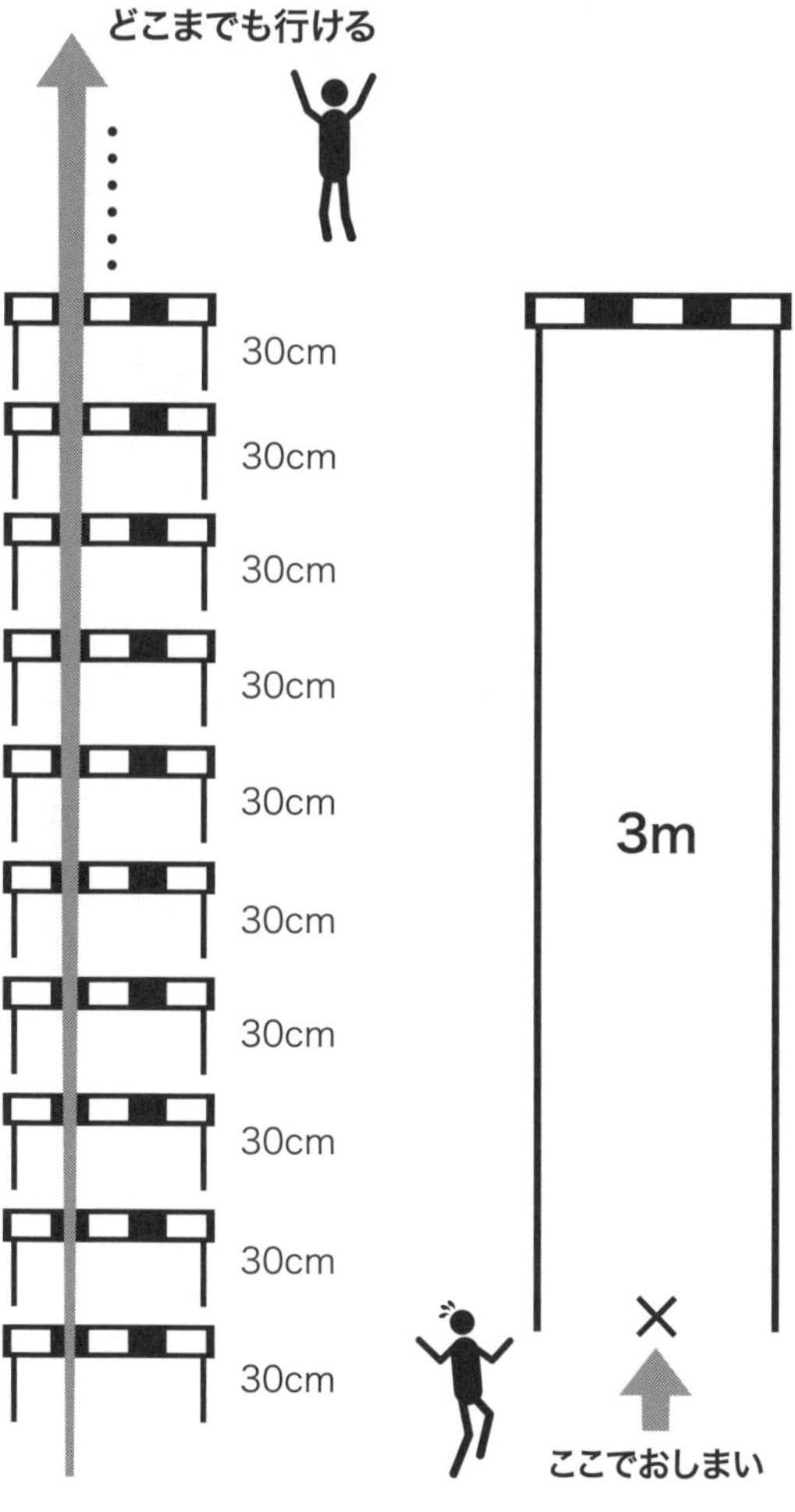

結果を焦る人は、「たった五〇〇グラムじゃしょうがない」と考えます。そして、自らハードルを引き上げ、結果的に自爆してしまいます。

でも、「たった五〇〇グラムじゃしょうがない」は事実ではありません。毎月五〇〇グラムの減量を、「できた！」と自己効力感高く繰り返している人は、一年後には六キロのダイエットに成功していることになります。

つまり、**ハードルを低く設定した人ほど、「らくに跳べるのに、結果的に多くを手にする」ことができる**のです。

あなたは、自分の人生をより楽しいものにするために、なにかを始めようと考えています。苦行をしたいのではないはずです。

だから、**ハードルは低いほどいい**のだと考えてください。

4 環境を整える

第一章で紹介した、資格試験に挑む女性の例を思い起こしてください。

早起きして勉強しようと思っているのに、二度寝をしてしまうのが彼女の悩みでした。

その解決法は簡単で、起きて身支度したら、ベッドのないところへ移動してしまうことでした。

このように、なにかを始めようと考えたら、少しでもそれを遂行しやすい環境を整えてあげることが重要です。

最近、夕刻以降に皇居の周りを走るビジネスパーソンが増えています。彼らの間に健康志向が高まったからというのも一因ではあるでしょうが、それよりも環境が整いつつあることが大きいと私は考えています。

仕事帰りに走ろうと考えたら、どこでランニングウェアに着替えたらいいか、荷物はどうしたらいいかという問題が起きます。それに気づいた周辺の銭湯は、ランナー用に個人ロッカーを貸し出すというサービスを始めました。

これによって、仕事を終えたビジネスパーソンが皇居の周りを走るための環境が整いました。彼らは、銭湯で着替えてロッカーに荷物をしまい、それから走り出します。走り終えたら銭湯に戻り、一風呂浴びてから帰宅することができます。

実に快適な環境で、これなら「また走りたい」と思えるはずです。

こうした、環境を整える工夫は自分でもできます。

たとえば、帰宅してから自宅周りを走ろうと考えているなら、ウェアは玄関に出しておくことをすすめます。

一度家に上がってソファに座り込んでしまったら、走るのは面倒になります。そこで、ちょっと行儀は悪いですが、帰宅したら玄関で着替えてそのまま外に出て走り、帰ったら脱ぎ散らかしたスーツを回収しながらバスルームに向かえばいいのです。

同様に、なにか勉強をしようと思ったら、**「いつでも気軽に取り組める環境」を整えてあげましょう。**

私だったら**同じ参考書を三冊買って、**家に一冊、会社に一冊、もう一冊をよく使うバッグに入れておきます。

「早く家に帰って勉強しよう」と思っていても、ちょっと飲み会が入ったらできなくなります。でも、バッグに同じ参考書が入っていれば、飲み会のメンバーが揃うまでのすき間時間に勉強できます。

もちろん、「一冊の参考書をいつも持ち歩く」という方法でも構いません。ただし、このときには、持ち歩きやすい状況にしておくことが大事です。たとえば、参考書と筆記用具を一つのメッシュポーチにまとめておけば、どんなバッグを使うときにも出かける前にそれをつかんで放り込むことができます。

ちなみに、**参考書を持ち歩くバッグはトート式がおすすめ**です。トート式なら、いちいちファスナーを開けなくてはならないビジネスバッグと違って、すぐに参考書が取り出せます。

また、どっしりしたビジネスバッグはただでさえ重いので、そこに参考書を入れるとさらに重量アップします。

「どのみち今日は接待があるし、荷物になるから持って行かなくてもいいか……」

なんだかんだと理由をつけて、参考書をパス。せっかく勉強できるすき間時間をムダにしてしまうことになります。

禁煙したい人は、タバコ関連のもろもろから遠いところに身を置くこと。タバコはもちろんのこと、灰皿などもすべて処分してしまいましょう。飲食店は「全席禁煙」の店を選ぶ。「分煙」では、つい吸っている人たちに目が行ってしまいます。愛煙家とはしばし距離を置く（もちろん、一言説明してからのほうがいいでしょうが）といったことも必要でしょう。

とても小さなことに感じるかもしれませんが、こうした**環境が、意外なほどの影響力を持つ**のです。

5 小さなゴールをつくる

気の長い作業を始めるときというのは、その先の見えなさから、最初から重い気分になってしまいがちです。「なんか、やる気になれないな」と。

こんなときには、最後の大ゴールを追おうとしないで、小さなゴールをたくさん設定するのが効果的です。

ある三〇代のビジネスマンは、世界の名作と言われるような長編小説を、学生時代に読んでおかなかったことを後悔していました。

これまでの上司は、売上数字のことしか言わない人でした。ところが、新しく赴任してきた上司はまったく違うタイプ。なにかにつけ、たとえ話に文学のネタを持ち出すのだそうです。

「こちらの教養を試されているのではないか……」

「適当に相づちを打ってみても、知らないのバレてるよな」

そのたびに、びくびくする自分が嫌で、そんなことなら、片っ端から読破してやろうと決心しました。

普段はビジネス書売り場にしか行かないのに、その日は文庫の並んでいる棚に向かいました。そして、パール・バックの『大地』、マルセル・プルーストの『失われた時を求めて』、ドストエフスキーの『罪と罰』、トルストイの『戦争と平和』などといった名作を買い求めました。家に帰って「さて、どれから読むか」とぱらぱらめくってみるのですが、どれも三ページも読み進めるとうんざりしてきます。内容に興味が持てないというよりは、あまりにもページ数が多くて、「本当に読み終わるのだろうか」という疑念が頭をもたげ、「やっぱりやめようか」となってしまうのです。

こんなときには、小ゴールを設定するに限ります。

たとえば、上下巻合わせて一二〇〇ページの本を読む場合。最初から「一二〇〇ページ読まなきゃ」と思ったら気も重くなって当然です。もっとページ数の少ない本の寄せ集めだと考えればいいのです。

もし、二〇日で読み終えたいなら、二〇冊の小冊子の寄せ集めだと考えます。一二〇〇ページを二〇冊に分ければ、一冊は六〇ページ。つまり、一日に六〇ページずつ読めばいいことになります。

そこで、**六〇ページずつ付箋を立てて日付を書いておきます**。これが小ゴールです。そして、一日分読み終えるたびに付箋を外していきます。付箋を外すことで、「小ゴールに

◆小さく分類すれば大きなことができる

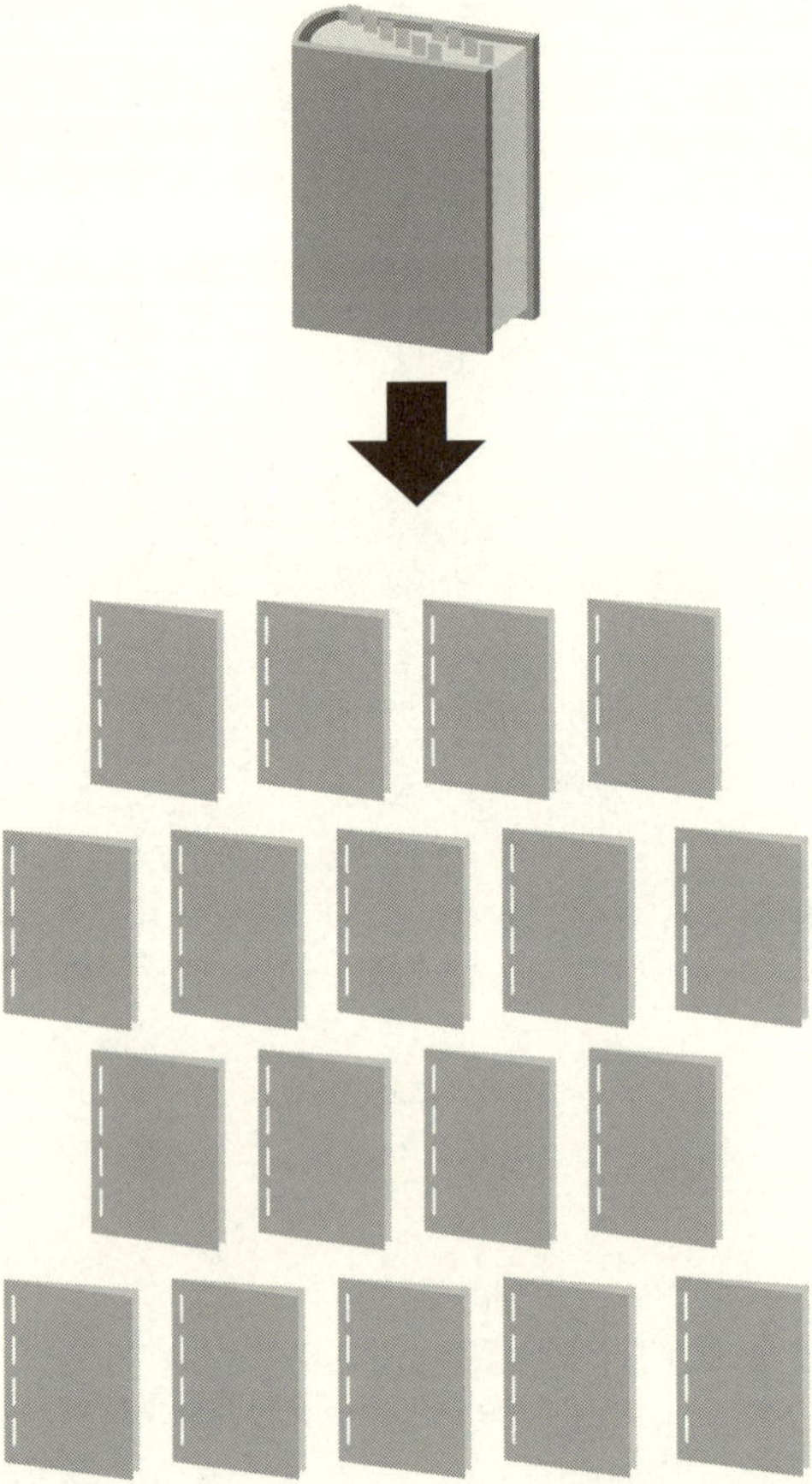

たどり着いた」という達成感も得られます。

分厚い本を持ち歩くのが嫌で、かつ惜しくないと思うなら、本を六〇ページ分ずつにバラしてしまってもいいでしょう。

たくさんの英単語を覚えようとするときなども同様です。いきなり大ゴールに目を向けずに、自分で小ゴールを設定しましょう。

6　書き出して、メリットの確認

役に立たない資格を取得するための勉強に、人生の貴重な時間を費やしてしまうなどというのは、とてもバカげたことです。

なにか新しいことを始めるときには、きちんと「メリットの確認」をしておきましょう。

メリットの確認ができていれば、自ずとモチベーションも上がりますから、始めやすくなります。

メリットを確認するために、一番いいのは「**書き出す**」ことです。

人は、頭の中で考えているだけではなかなか正しい答えが出せません。絶えず頭の中を流れているマインドトークに邪魔をされてしまうからです。

「やっぱり私には、英語よりほかの勉強が必要なんじゃないか。簿記の資格を取ったほうが仕事に有利なはず。でも、やっぱり英語話せたほうがかっこいいし。○○ちゃんは宅建取ったって言ってたけど、難しそうだしな……」

あれこれ思考が飛んで、結局、本質的に必要のないことを始めてしまったりします。言ってみれば、**思考はとても曖昧**なのです。

それに対して、**「書く」という行為は、明確さを必要とするアウトプット作業**です。書くためには、頭の中にあるたくさんの言葉から適切なものを選択しなければなりません。その過程で、嫌でも曖昧な思考から脱却していくことになります。

また、**自分で書いたものを「見る」というインプット作業**も行われ、より明確な意識づけがなされます。

「これを始めたら、いったいどんなメリットがあるのだろうか」

「そのメリットはいつ頃、目に見えて確認できるのだろう」

こうした質問を自分にぶつけながら、自分の字で書き出していきましょう。そして、それを眺めながら何度も確認してみましょう。

明確なメリットが見えたなら、それは始めるに値することですし、「メリットがある」

と思えれば、始めるのは簡単です。

7 フライングで始めてしまう

前項と矛盾したことを述べるようですが、**普段から慎重すぎるような人には、あまり深く考えずに動いてしまうことをすすめます。**

本当はメリットがたくさんあるのに、デメリットばかり考えてしまう傾向が、慎重な人たちに多く見られます。

もしあなたが、自分の中にそうした傾向を感じるなら、「フライング」で始めてしまいましょう。

料理が下手なことにコンプレックスを抱いていた二〇代の女性は、料理教室に通おうか悩んでいました。自分としては通いたいのだけれど、あまりにも知識がないので、そこでさらに恥をかいてしまうのではないかと心配だったからです。三か月ごとに受講者を募集する料理教室に、「今度こそ申し込もう」と思っては、毎回パスする結果になっていました。

そこで私は彼女にアドバイスしました。

「まず先に、料理を披露する場をつくってしまえばいいよ」

自宅に友人を招いて、そこで自分の手料理を振る舞う。そんなホームパーティーを料理教室に通う前から予定してしまうのです。友人にもスケジュールを空けておいてもらえば、あとには引けません。

早速、計画を立てた彼女は、「知識がないのが恥ずかしい」などと考える余裕もなく、熱心な受講者になりました。こうしたやり方で始めれば、続けるためのモチベーションも高く保つことができます。

いつまでもダイエットが始められないなら、素敵な水着を買って高級ビーチリゾートへの旅行計画を立てましょう。

「やせたら高級ビーチリゾートに行こう」

では、何年経ってもそれはかないません。

「七月に高級ビーチリゾートに行くからやせよう」

この**順番に置き換え、かつ予約を入れてしまうのがコツ**です。

あなた個人が始めることなのですから、どんなフライングをしたってルール違反を問われることはありません。

8　仲間をつくる

一人で始めるのは大変でも、**仲間がいればできる**ことってたくさんあります。

早朝の勉強会が流行っているのも、一人では眠くて挫折してしまうところを、「あそこに行けば仲間がいる」と思えるからでしょう。

仲間がいれば、いろいろな面で助け合えるだけでなく、「自分はやるぞ」と広く宣言することにもなります。あなたが始めようとしていることが、周囲の人にも興味を持ってもらえそうなら、大いに声をかけて仲間をつくりましょう。

私がサハラマラソンを完走できたのも、仲間がいたからです。

サハラマラソンには五人でエントリーしたのですが、もとはと言えばただの酔っぱらいの与太話です。そのとき私はすでに一〇〇キロマラソンを完走しており、「次になにをやるか」を酒席の話題にしていました。

「なんか、砂漠を走るのがあるみたいだよ」

誰かが言ったのがきっかけで、いきなり場が盛り上がり、酒宴の最後には「みんなで参加しよう」という話になっていました。

ただの冗談に終わらせないために、翌日には早速「チームサハラ」を結成。それぞれ情報収集に努めて準備を重ねることになりました。

その結果、私一人ではとても収集できない情報を得られたし、途中「本当に参加して大丈夫だろうか」と弱気になる気持ちを奮い立たせることもできました。

実際のレースの過酷さは、私たちの想像をはるかに超えていましたが、励まし合ってみんな完走することができました。

走り終えた全員の一致した感想は、**「一人だったら絶対にやっていないよね」**。

一人だったら絶対にやっていないことをやらせるのが仲間の力です。自分一人でぐじぐじ悩まないで、やりたいことをどんどん声に出していきましょう。

9 誘いに乗るクセをつける

いわゆる、**「フットワークの軽い人」**というのがいます。考えるより先に身体が動いているタイプです。こういう人は、どんなことでもらくらく始めていけます。

フットワークの軽い人になるためには、普段から「誘いに乗ってみる」クセをつけるのが一番です。

もちろん、「悪い誘い」や「くだらない誘い」に乗る必要はありません。それがあなた

◆コンフォートゾーンから抜け出せ

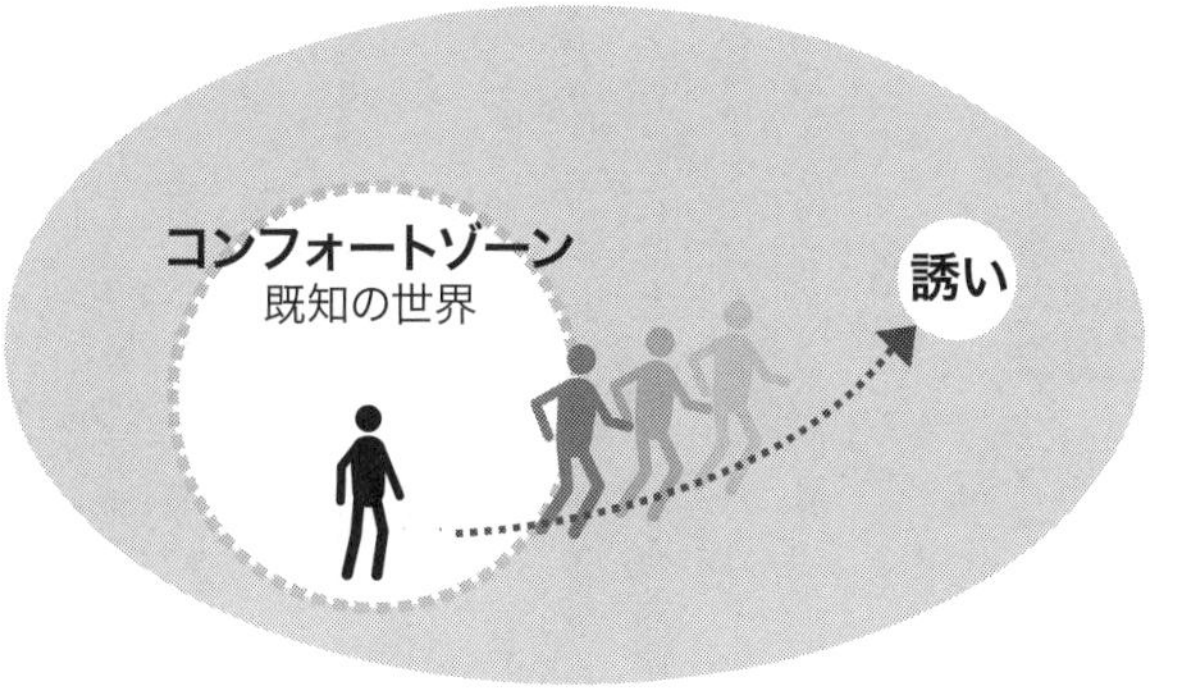

の人生になにがしかのプラス作用をもたらしそうだと感じたら、ぐじゃぐじゃ考えるより先に、誘いに乗ってしまいましょう。

　このときに大事なのは、自分の「コンフォートゾーン」に留まらないように意識することです。

　コンフォートゾーンとは、自分が快適に過ごせる範囲のこと。言ってみれば「変化のないぬるま湯」です。

　種の保存を第一に考えなくてはならない動物にとって、変化は大敵です。だから、私たち人間にも、どうしてもコンフォートゾーンに留まろうとする本能があります。今のあなたが考え出すことは、今のあなたにとって安心できることになりがちなのです。

しかし、その**コンフォートゾーンに居座っている限り、新しい発見はありません。**外にはもっと面白い世界があるかもしれないけれど、コンフォートゾーンからは見えません。そして、その**新しい世界へ導いてくれるのは、別の人からの「誘い」しかない**のです。

「狂言の公演観に行かない？」

「スノーボードやってみない？」

「今度、綱引きの大会があるんだけど」

「一緒にフットサルのスクールに入ろうよ」

あなたからすれば、とんでもない誘いがくるかもしれません。でも、**自分では考えてもみなかったことほど、乗ってみる価値があります。**なぜなら、それは、あなた一人では決して始めることはないのですから。

自分で想像できるもの以外の選択肢が持てたら、人生は様変わりします。もっと気軽に誘いに乗って、「やってみたらすごく面白かった」という経験を積んでいきましょう。

10　形から入る（モデリング）

周囲から「ダサイ」と酷評されている中年男性が、おしゃれのセンスを磨こうと思ったら、どうすればいいでしょう？

デパートに出向いて、店員さんに服を一式揃えてもらうのも手です。腹を割って話せる友人にアドバイスを求めてもいいでしょう。

でも、自分がダサイと自覚しているようなケースでは、恥ずかしさもあり、なかなか人の協力を仰げません。だからよけいに「おれはダサくてもいいんだ」と開き直る結果になります。

そんな人にとって一番効果的なのは、**「かっこいい」「ああなりたい」と思える対象を見つけてマネをすること**です。そして、その対象になりきることです。

阿部寛でも、渡辺謙でも、堤真一でも構いません。本人が心から憧れる人の写真を眺め、同じような服を着、同じような表情をしてみると、「案外おれもかっこいいじゃないか」と思えてきます。そう思えたら、デパートの店員に自分の服装について相談する勇気も湧いてきます。自分で勝手に考えている分には、「おまえのどこが阿部寛だよ」と突っ込まれることもありません。自ら「おれのどこが阿部寛だよ」と自虐的な突っ込みを入れ、自己評価を落としさえしなければ、この方法で確実におしゃれのセンスは向上します。

あなたが**なにか新しいことを始めようとするなら、その世界で活躍する憧れのモデルを**

見つけておきましょう。その人が使っている道具を自分も身につければ、気分上々で始められます。

特別なモデルがいなくても、**「形」から入るのはいい方法**です。

ランニングを始めるのでも、ボロボロの古いシューズと、有名選手が履いているシューズではモチベーションが違ってきます。

勉強を始めるなら、学生時代の古いペンなど捨てて、質のいい文房具を揃えましょう。

あなたがどんなことを始めるにしろ、予算が許すなら少しでも形を整え、自分を「その気」にさせてあげましょう。

11 「おまかせコース」を利用する

第二章で紹介した、「オペラの教養をつけたい」女性は、いったいどういう方法でオペラ鑑賞を始めたのでしょうか。

まったく知識がなかったため、「いったいなにから観ていいかわからない」状態だった彼女は、自分で判断するのをやめました。そして、オペラを上演する劇場が売り出している「セット販売」のチケットを購入しました。

オペラや、バレエ、交響楽団によるクラシック音楽のコンサートなどは、かなり早い段階から劇場のスケジュールが確定します。その段階で、おすすめのものをいくつかセットにしたチケットが売り出されます。

彼女が購入を申し込むと、自動的に『アイーダ』『トスカ』『タンホイザー』『セビリアの理髪師』など著名な作品の公演チケットが一〇枚送られてきました。手帳にスケジュールを書き込み、そのままに一公演ずつ観ていると、だんだん知識も増えてきて、翌年からは自分でチョイスした公演を申し込めるようになったそうです。

いわゆる**「おまかせコース」**は、詳しい人から見れば損な部分、つまらない部分もあるかもしれません。しかし、**初心者が安心して始めるには、いい方法**です。

たとえば、「ワインに詳しくなりたい」「チーズに詳しくなりたい」と考えても、片っ端から口にしていくわけにもいきません。そんなときは、「頒布会」に申し込んで、毎月送られてくるものを試していけば、どんどん知識は増えていきます。

こうした方法だと、「コンフォートゾーンを破れる」という利点もあります。

自分で選べばいつも同じようなものになってしまうところを、「おまかせ」なら、嫌でも新しいチョイスが混ざってきます。

「ブルーチーズだけは苦手」と言い張っていた人が、頒布会で送られてきたものを食べてみて、「ブルーチーズの美味しさに目覚めた」などというのは、よくある話です。

「貯金したいのに全然できない」という人も、自分の考えだけでやろうとしているからいけないのです。銀行に「おまかせ」しましょう。給料から天引きしてもらえば、自動的に貯金はできてしまいます。

銀行の窓口に行って、「毎月三万円ずつ天引きで貯金したい」と言えば、行員は手続きをしてくれます。あるいは、もっとおすすめの方法を教えてくれるかもしれません。

要は、「劇場に電話をかける」「銀行の窓口に行く」という行動が大事なのです。その行動一つが取れたとき、すでにあなたは始めています。あとは、いろいろな人の知恵を借りればOKです。

12 経験者に教えてもらう

人にものを聞くことを、なかなかできない人がいます。恥ずかしがり屋なのかプライドが高すぎるのかわかりませんが、とても損をしています。

人にはそれぞれ、得意不得意があって当然です。Aさんには Aさんの得意分野があり、

Bさんには Bさんの得意分野があります。

このとき、なんでも人に聞けるAさんは、自分の得意分野のほかに、Bさんの得意分野のことも難なく始めることができます。でも、人にものを聞くのが苦手なBさんは、相変わらず自分の得意分野のことしかできません。Aさんが得意としている分野のことを、どう始めていいかわからないからです。

もちろん、「誰にも聞かずに始めてみる」という方法にも、それなりの良さはあります。自分だけの力で始めて、それがものになれば大きな自信につながるでしょう。

しかし、私には、とても非効率なことに思えます。

私たちは不死身じゃありません。与えられた時間は限られています。その中で、より多くのことをやってみたいと思ったら、ショートカットできるところはするに限ります。

これから、**あなたが始めようとしていることを、すでに誰かが経験しているなら、その経験をなぞらせてもらって、間違った道は進まないようにするのが得策**です。どんどん経験者に教えてもらいましょう。

ゴッホとピカソとルノアールくらいしか思いつかない人が絵画の知識を深めたいと考えたら、正直に詳しい人に聞きましょう。「どんなものから鑑賞したらいい？」と。

人は、自分が詳しいことについて質問されるのが好き。みんな「教えたがり屋」なのです。決して面倒だなどと思いませんから、遠慮はいりません。

山登りを始めたいなら、詳しい人に聞いて自分に合った道具を揃え、詳しい人に一緒に登ってもらうことです。近くに詳しい人がいないなら、専門店のスタッフに道具を選んでもらい、ガイドつきのツアーに入ればいいでしょう。初心者が自分だけの判断でそれをやれば、命に関わります。

私がサハラマラソンへの参加を決めたときには、人づてに出場経験者を探し、会っていろいろ質問しました。

なにを買って、どういう準備をすればいいのか。

途中に、どんな危機的状況が訪れるのか。

それをどう打開していけばいいのか。

素直になんでも聞いて、全面的にそのアドバイスに従いました。だからこそ、無事に完走できたのだと思っています。

まったく未知の世界にチャレンジしようというのに、経験のない自分の頭で考えていても的確な答えが得られるはずがありません。

自分であれこれ判断するのは、自分が詳しくなってからのこと。**最初はほかの人の知恵と体験を利用させてもらうのが一番**です。

13 ライバル行動を封じ込める

なにかを始めるに当たって心に留めておいたほうがいいのは、一つの行動には「ライバル行動」が存在するということです。

たとえば、その日のうちに終わらせなければならない仕事があって、パソコンに向かっているときに、ついつい、ネットサーフィンしてしまう。このときのネットサーフィンは、まさに仕事を阻害するライバル行動です。

会社帰りに通っているスポーツクラブの隣にビアホールがあって、スポーツクラブではなくそちらに入ってしまうというのも、手強いライバル行動です。

ライバル行動には、その人にとって魅力的な要素が多く含まれているため、どうしてもそちらに引っ張られてしまうのです。

あなたが「始めたい」と考えていることにも、いろいろなライバル行動は存在します。それを前もって封じ込めてしまえば、より始めやすくなります。かといって、ライバルを

「抹殺しよう」とすれば無理が出ます。「コントロールする」というくらいのスタンスでいいでしょう。

たとえば、「毎朝三〇分早く起きて英語の勉強を始めたい」とき。テレビを見ることも、新聞を読むこともライバル行動です。その日に着ていく服を選ぶことだってライバル行動になります。

それらライバル行動を封じ込めるためには、いくつかの方法が考えられます。

まず、テレビのプラグは寝る前に抜いてしまうこと。プラグを入れておけば、ついリモコンを押して、つい画面に見入ってしまいます。

新聞は、取るのをやめてしまうこと。「駅の売店で買って電車の中で読む」というルールを決めてしまえば、だらだら読みはしなくなります。新聞を隅から隅まで読む必要などありません。決められた時間内に見出しだけ拾えれば充分です。

着ていく服は、寝る前に揃えておくこと。翌日の外出予定や天気予報もチェックして、夜のうちにハンガーにかけておけば、迷いなく短時間で身支度ができます。

こんなふうに、ちょっとした工夫を凝らすことで、ライバルはおとなしくしていてくれるでしょう。

14　成功体験を確認する

「始める」という行為の中には、どうしても気が乗らないものも含まれます。月曜日の朝の電車内には、「また今週も仕事が始まるのか」と言わんばかりの、どんよりした表情のビジネスパーソンが大勢います。会社に着いて、キビキビとした空気の中、仕事を始めてしまえばどうということはないのですが、始めるまでの気持ちがどうにも重くてならないのでしょう。

毎週月曜どころか、毎朝そんな気持ちに襲われている人もいます。

私の知人である二〇代の女性は、いわゆる営業会社に勤めています。彼女の仕事は、テレホンアポインター。リストの片っ端から電話をかけて、自社商品に興味を示してくれる顧客を探すことです。もし、興味を示してくれる人がいたら、そこに別の営業スタッフが出向いて、さらに詳しい説明をしていきます。

つまり、テレアポという仕事は、海のものとも山のものともわからない相手のところに先頭切って乗り込んでいくようなものです。

当然のことながら、好感触を示してくれる相手などごく少数。迷惑そうにガチャンと電話を切られてしまうこともしょっちゅうです。

「また今日も断られるのか」と考えると、仕事を始めるのがひどく憂鬱になります。しかし、彼女たちがテレアポをしなければ、そもそもその会社の仕事が始まりません。

そこで、彼女が考えた一つの方法が、**「契約にいたった成功体験」に、仕事始めと仕事終わりに目を通す**というものでした。彼女がテレアポして契約にいたった事例を、一枚の紙にまとめ上げ、それを読んでからテレアポを始め、それを読んでから帰宅するということを繰り返しました。

たとえ、その日一件もテレアポが取れなかったとしても、最後に目にするのは成功したケースだけ。

こうして、**いい思い出を追体験することで、「できそうだ」という自己効力感を高め、彼女は、「始めたくない仕事」をスムーズに始めることができています。**

15 人と比較しない

積極的に新しい行動を取れない人の多くが、セルフイメージを低く設定しています。

そして、その主な原因となっているのが「失敗体験」です。

過去にいろいろやってみたけれど上手くいかなかったり、続けることができなかった。「だから自分はダメだ」と勝手に判断しているのです。

しかし、**客観的に見ると、実は失敗はしていないケースがたくさんあります。**

本当は失敗していないのに失敗だと自分で決めつけてしまうのは、**誰かと比較しているからです。**あるいは、かつての自分と比較しているのかもしれません。

「同じように英語の勉強を始めた同僚が、三か月でかなりしゃべれるようになったのに、自分は全然そこまでいっていない」

「若い頃は一週間で覚えられたことが、最近は二週間かかる。こんなことでは勉強なんて始めても意味がないんじゃないか」

多くの人が、こうして自分に「×」評価を与えています。しかし、客観的に見れば、その人は確実に進歩しているのですから「◎」をあげていいのです。

勉強でもなんでもそうですが、**大事なのは「累積量」**です。一〇〇なら一〇〇という累積量に到達したら素晴らしいのであって、そのために費やした時間が一か月であっても一年であっても人それぞれで構いません。

私は、まったくの凡人です。おそらく、あなたもスーパーマンではないでしょう。だったら、この世に私たちより優秀な人間がいるのは、当たり前の話です。

そうした**人と比べて「自分がやっても意味がない」などと考えるのは、それこそ意味がありません。**

自分の成長＝自分の累積量。そこにフォーカスしていきましょう。

16 記録し「見える化」する

以前、自分が食べたものを記録するという「レコーディングダイエット」が大ヒットしました。

私の知人男性も、それでやせた一人です。彼は、毎日、食べたものを書き記すだけで、苦しい減食や運動をすることなく、二五キロの減量に成功しました。

どうしてそんなことが可能だったかと言えば、毎日の食事内容を読み返すことでムダな間食などが減らせたことに加え、「自分はダイエットを始めた」「それを続けている」という強烈な意識が持てたからではないかと思います。

記録の力は、私たちが想像している以上に大きいのです。

とくに、**人とのコミュニケーションなど形になりにくいものは、記録することで「見え**

る化」していくことができます。

現代人が抱えるストレスの大半は、人間関係に起因すると言われています。それほど私たちは普段から、人とのコミュニケーションに悩んでいるわけです。

「もっと人に好かれる自分になりたい」

「上司と上手に意思疎通したい」

「後輩の気持ちを理解したい」

こんなふうに考えている人に、私からアドバイスをしたいのは、コミュニケーションを難しく考える必要はないということです。「人相手のことだから」と、変に気負ってしまうとかえって問題をややこしくします。

そうではなくて、**コミュニケーションを計測して数値化すればいい**のです。

具体的には、挨拶や会話の数をチェックリストに書き込んでいきます。

「高橋さんの目を見て、おはようと言った」

「橋本さんに、昼休みに話しかけてみた」

自分なりのチェック項目をつくって、コミュニケーション回数を計測し、少しずつその数を増やしていくようにすれば、どんな人間関係も良い方向に向かいます。

◆コミュニケーション・チェックリスト

	高橋さん	手島さん	中山さん	大下さん	メモ
2/16	𝍵	𝍵	一	𝍵	中山さんが少ない
2/17	一	丅	丅	一	もっと積極的に
2/18	下	𝍵	𝍵	下	今日は上手くできた
2/19					

「コミュニケーションとは、もっと人間くさくて複雑なものだ。回数より内容が重要であり、数値化など必要ない」

こんな反論もありますが、実際に、上司とのコミュニケーションの数が減った部下の離職率が高くなることがわかっています。また、「自分はどの部下とも同じようにコミュニケーションしている」と思っている上司の行動を計測すると、明らかに気に入った部下との接触回数が多くなっています。

数値は、事実を客観的に示してくれます。**感情優先になりやすいコミュニケーションこそ、数値が必要**なのです。

「回数より内容」などというのは、よほどコミュニケーション能力に自信がある人がやればいいのであって、**普通の人は「回数が多いほどコミュニケーションは取れている」と考えて間違いありません。**

数値ほど信頼できるデータはありません。もっと数値に頼っていきましょう。

17　便利ツールを活用する

あなたの「始める」を助けてくれるのは、人間ばかりではありません。今はいろいろ便利なツールがありますから、それを積極的に利用しましょう。

たとえば、スマホの「タイマー機能」。なにか始めようというときに、だらだらやらずに時間に区切りをつけるのはいい方法です。

「今から一五分だけ本を読もう」

「ランチタイムに三分だけスクワットしよう」

こんなふうに決めてタイマーをセット。そして、それが鳴るまでは集中します。

たった一五分勉強するだけでも、毎日続ければ多くのことが学べます。たった三分のスクワットでも、毎日続ければしっかり筋肉がついていきます。

要は、**短い時間内にどれだけ没頭できたかが重要なのです。タイマー機能は、そんなと**

きに重宝します。

レコーディングダイエットを始めたいけれど、自筆で記録するのが面倒だという人は、スマホのカメラで食事内容を撮影しておけばＯＫです。それを自分のパソコンにメールで送れば、管理も簡単です。

もちろん、自筆で書くことの利点はあります。しかし、理想を追うあまりに途中で投げ出したのでは本末転倒です。どんなずるい方法でも、あなたが始めやすくなるならそれでいいのです。

フェイスブックをやっている人なら、非公開のグループページで「始めるコーナー」をつくるのもいいでしょう。

「秘密の読書会を始めよう」

「スキーチームをつくってみんなで滑りに行こう」

「料理のレシピ、教え合わない？」

気の合う仲間だけが見られるページをつくり、そこで情報交換し合えば楽しく続けることができます。

私がサハラマラソンに参加したときも、まさにこの方法を用いました。仲間と「チームサハラ」をつくり、フェイスブックのグループページで情報交換。実際に集まることができなくても、質の高いコミュニケーションが図れました。

おわりに

「始める」ことで、未来が楽しく明るくなる

「始めることは決して難しくない」ことを伝えるためにハードルを低くする、というのが本書を書くときに心がけたことでした。本書を読んだだけで、「すぐにでも始められる」というリアルな感覚を持っていただけたらいいな、と。

本書を読みながら、「同じ内容が繰り返し出てくる」と感じた方がいらっしゃるでしょう。

一つのことをしっかり確実に理解してもらえるように伝えたい、と考えたとき、本書の中でも書いていますが「曖昧さ」は敵です。そこで、同じ一つのことを伝えるのでも、違

う角度から考えられることで、より立体的・具体的なイメージを持つことができ、理解が深まるようにと考えました。

「始める」のは楽しいことですが、苦手な人にとっては「嫌な、つらいこと」です。……年が明け、最初に会社に出社するとき。長い連休が明けて、始業式のために登校するとき。気持ちが重いという人と、楽しみだという人がいます。

私は「始める」ことほど、楽しく希望のあることはないと思っていますが、世の中を見てみると、気が重くなる人が意外に多いようです。

確かに、情報や選択肢の多い時代だからこその悩みがあるでしょう。一見、なにかを始めるに当たって最適なように思える、情報や選択肢の多い環境は、いざ始めようと思うと、どれから始めたらいいかわからない、始めることがいいことなのかどうかもわからない、という状況に陥らせてしまいます。「始める」ために一歩を踏み出すことは、現代人にとっては、実はたいへん大きなハードルなのです。

でも、だからこそ、「始めた人」と「始めていない人」は、大きな差がつきます。ハードルを越えた人と越えない人の未来に、決定的な差がつくことに説明は要りませんよね。始めることで、人生がとても楽しく輝くことを、私は知っています。だから、どうしても伝えたいと思いました。

少し視点が変わりますが、震災復興も遅々として進まないように見えます。これもやはり、第一歩を踏み出すことからしか、なにも動かないのです。「すべてのことが、最初の一歩から」なのです。

そんな思いを抱えて、本書の執筆を試みました。

実際にこの本を読んでいただけた方には、始めるのはとても簡単で、あなたの未来に希望を生み出すことだということがわかっていただけたのではないでしょうか？

この本は「あなたが始めたいこと」の入り口となります。それがどんなことであっても、この本が導いてくれるでしょう。

この本を読んだということは、「始める」ための第一歩を「スタートした」ということ。

勉強でも、仕事でも、趣味でも、ダイエットでも、あなたが自分の希望をかなえ、目標を達成し、楽しく幸せに暮らせますことを、お祈りしています。

「始める」シート① ◆メリット・デメリットの確認

始めたいこと	メリット	点数	デメリット	点数	総合評価
英会話	仕事に役立つ 旅行に役立つ	+10 +2	時間を取られる	−5	+7
ダイエット	健康になる おしゃれできる 水着になれる	+3 +3 +5	好きなものが食べられない つき合いが減る	−5 −5	+1
ジョギング	健康になる 仲間ができる	+3 +2	疲れそう 道具を揃えるお金がかかる	−3 −2	+−0
禁煙	健康になる 口臭が改善する 出費が減る 印象が良い	+7 +6 +3 +1	イライラする 喫煙室のコミュニケーションが減る	−4 −1	+12

「始めるシート」② ◆**自己効力感を高める**

始めたいこと	**英会話**（ダイエット、禁煙など）	過去にあった同じような成功体験は？
		誰かがやってできている？
		誰からももらえる応援メッセージは？
		どんな達成感が得られそう？
始めたいこと		過去にあった同じような成功体験は？
		誰かがやってできている？
		誰からももらえる応援メッセージは？
		どんな達成感が得られそう？
始めたいこと		過去にあった同じような成功体験は？
		誰かがやってできている？
		誰からももらえる応援メッセージは？
		どんな達成感が得られそう？

「始めるシート」③　◆**ライバル行動対策**

	考えられるライバル行動	前もってできる対策
英会話	・飲み会の誘い ・残業 ・テレビを見る	・同僚に「勉強中」と言っておく ・朝早く来て仕事を片づける ・プラグを抜いてしまう
ダイエット	・近所のケーキ屋 ・女子会の誘い ・眠る前の「ビール１杯」 ・つまみのポテトチップス ・子どもの食べ残し	・前を通らないよう道を変える ・野菜中心の美味しい店を探して提案する ・ビールの代わりに、炭酸水を常備する ・あたりめを食べる
禁煙	・タバコを吸う友達 ・缶コーヒー ・ストレス ・家の灰皿 ・同僚のタバコ	・禁煙した、と宣言する ・お茶を飲むように変える ・喫煙席のある店に行かない ・すべて捨ててしまう
ジョギング	・朝寝坊 ・朝刊を読む ・おしゃれな身支度	・目覚ましを3つ用意 ・新聞を取らない ・前日に服を決めておく ・起きてすぐテレビをつけない

「始めるシート」④　◆**応援グッズやツールの利用**

	グッズやツール		具体的行動
ジョギング	・かっこいいシューズ	➡	・週末に購入(1万円まで)
	・音楽	➡	・iPodに入れる(すぐに!)
	・仲間	➡	・メールで誘う
ダイエット	・水着	➡	・ワンサイズ下を買ってしまう
	・スポーツクラブ	➡	・今月中に入会する
英会話	・スクール	➡	・入会説明書をゲット
	・CD	➡	・友人におすすめを聞く
	・バッグ	➡	・教材を持ち運べる大きさ
禁煙	・写真	➡	・家族の写真を見て決心を新たに
	・医師	➡	・プロのアドバイスを(今週中)
	・ガム	➡	・必ずポケットに入れておく

「始めるシート」⑤　◆**スモールゴールの設定**

始めたいこと	スモールゴール	メモ
英会話	とにかく教室に週1回通うこと	教室帰りには映画を観る
ダイエット	0.5キロずつでOK	1週間で！
ジョギング	1キロ走れるようになること	雨の日はサボる
禁煙	まずは3日続ける	その分のお金をランチに回す

幻冬舎新書 299

始める力

二〇一三年三月三十日　第一刷発行

著者　石田　淳
発行人　見城　徹
編集人　志儀保博
発行所　株式会社　幻冬舎
〒一五一-〇〇五一　東京都渋谷区千駄ヶ谷四-九-七
電話　〇三-五四一一-六二一一(編集)
〇三-五四一一-六二二二(営業)
振替　〇〇一二〇-八-七六七六四三
ブックデザイン　鈴木成一デザイン室
印刷・製本所　中央精版印刷株式会社

Printed in Japan　ISBN978-4-344-98300-7 C0295
い-21-1
幻冬舎ホームページアドレス http://www.gentosha.co.jp/
*この本に関するご意見・ご感想をメールでお寄せいただく場合は、comment@gentosha.co.jp まで。